LES
MENSONGES
IMPRIMEZ,

Par Mr. ARROUET DE VOLTAIRE

De l'Académie Française

NOUVELLE EDITION.

Avec des Remarques & des Notes.

Et scio expertum esse hominum genus & in-
solens & ignarum, qui quidquid vel nolunt,
vel nesciunt, vel non possunt in aliis repre-
hendunt, ad hoc unum docti & arguti, sed
elingues ad reliqua. Petrarc. ad Bocc.

EN HOLLANDE,

Par la Compagnie des Libraires.

M. DCC. L.

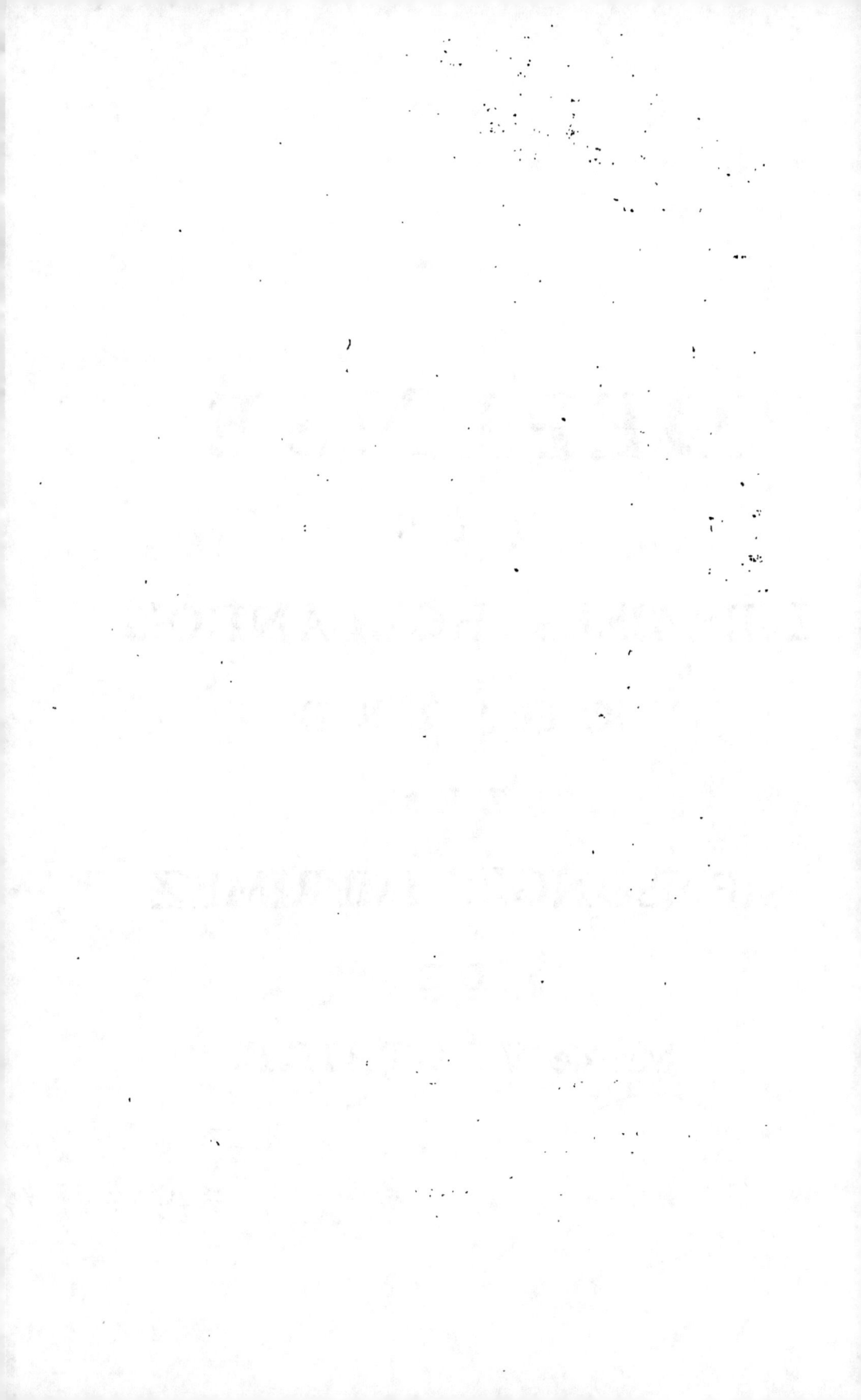

DÉFENSE

DES

LIBRAIRES HOLLANDOIS

CONTRE

LES

MENSONGES IMPRIMEZ

DE

Mr. de VOLTAIRE.

AVERTISSEMENT.

LE célèbre Auteur de la Brochure, dont on donne ici une Nouvelle Edition, justement indigné de l'avare hardieſſe de pluſieurs Libraires de France, d'Angleterre, d'Allemagne, & ſurtout de Hollande, qui ont donné au Public diverſes Editions de ſes Ouvrages, ou par parties, ou en corps, aïant jugé qu'il n'y avoit d'autre moïen d'y mettre des bornes qu'en choiſiſſant enfin un Libraire ſur la fidélité & l'obéïſſance duquel il put faire fonds (a), s'eſt enfin déterminé en faveur de P. G. LE MERCIER Imprimeur-Libraire à Paris, ruë S. Jacques au Livre d'or, il a commencé par lui confier l'impreſſion & le débit de NANINE, Comédie en trois Actes, qui a été ſuivie par celle de la Tragédie de SÉMIRAMIS, & quelques autres Piéces de Littérature.

Celle-ci eſt précédée d'une DISSERTATION ſur la Tragédie Ancienne & Moderne, adreſſée à ſon Eminence le Cardinal QUERINI, & ſuivie 1°. d'un ELOGE FUNEBRE des Officiers, qui ſont morts dans la guerre de

_____

(a) Préface de la Comédie de NANINE.

A

de 1741. & 2°. d'un *Ecrit intitulé* LES MENSONGES OFFICIEUX, *que lui a dicté son indignation contre les Libraires de Hollande, & que l'on juge à propos de donner de nouveau au Public avec des Remarques & des Notes pour l'intelligence du texte, qui est si obscure qu'il a fait croire que c'étoit un Ouvrage véritablement Posthume de ce grand Génie, & même qu'il l'auroit écrit après sa mort, car on n'y trouve rien de vivant. Ce n'est ni son stile, ni ce brillant, ni ce solide que toutes les Nations ont admiré dans ses ouvrages, ensorte que s'il n'étoit imprimé chez son Libraire élu & accrédité, on décideroit, sans crainte de se tromper, qu'il n'est pas de Mr. de Voltaire non plus que la* SEMIRAMIS & *la* NANINE, *où l'on a mis son nom & qui ne ressemblent en rien à celles qui ont été représentées sur le Théatre de Paris, si ce n'est par le nom des Acteurs; ensorte que si ce sont véritablement la* SEMIRAMIS & *la* NANINE *de Mr. de Voltaire, & qu'il soit résolu de donner dans ce goût toutes ses autres Piéces de Théatre, il a raison de renier toutes les Editions qu'on en a faites, & le Public doit s'attendre à avoir du tout nouveau, en un mot* l'Oedipe, le Mariamne, le Brutus, Zayre, Alzire, la mort de Jules-Cefar, Mérope, Mahomet, Coligni, Orefte; *r'habillés tout à neuf,*

nœuf, *avec* Nanine *qui est déjà dans l'ordre,
car il y a apparence qu'il condamnera*, l'In-
diſcrèt, *la* Prude, *l'*Enfant-Prodigue, *la*
Princeſſe de Navare, *à aller tenir compagnie à* Artemire, *à* Euripile, *à* Adelaïde, *étoufées au Berceau*, & *aux Operas de*
Samſon & *de* Pandore, *que le hardi* Ra-
meau, *ni le doucereux* Francœur *n'ont oſé
ſoumettre à l'harmonie de leur Art. Mais
d'un autre côté le Public ſe flatte que toutes
les Piéces qui entreront dans cette Edition*
approuvée par l'Auteur, *faite ſous ſes
yeux* & *publiée par* P. G. *le* Mercier, *ſe-
ront enrichies de toutes leurs Variantes* &
*des raiſons qui leur ont donné lieu, de la mé-
me maniére que l'Auteur a publié en* 1746.
en deux volumes, petit in 12, *ſous le nom
de Mr. de* Marmontel, *ſon Diſciple, ſon
magnifique Poëme de la* HENRIADE, *ſans
nom de Libraire, quoiqu'imprimée en* France.

*Afin de ne point ôter au Lecteur la ſatis-
faction de lire ſans être interrompu les* MEN-
SONGES IMPRIME'S, *car on ne peut qualifier cette production, puiſqu'on ne ſait ſi c'eſt
une* Diſſertation, *ou une* Lettre, *ou un*
Diſcours, *ou une* Déclamation, *on a jugé
à propos de renvoïer les Remarques à la
fin, d'autant plus que celles-ci avoient beſoin
de quelques Notes pour ne laiſſer rien à de-
ſirer au Lecteur.*

On s'est fait un devoir de ne suivre que la vérité toute nuë, dans ces Remarques *qui servent à rélever nombre de* Menfonges, *dont les* MENSONGES IMPRIME'S *ont été enrichis, & à corriger l'aigreur de la bile de l'Auteur qui n'a pas toûjours confulté la juftice.* On auroit pû faire non une brochure mais un jufte volume, fi l'on avoit voulu fe donner la peine d'extraire de l'Edition des Oeuvres de Mr. de Voltaire *donnée l'année dernière à Dresde, avec fon confentement, tout ce qui pouvoit être mis dans la claffe des* Menfonges imprimés, *mais c'eût été fatiguer le Public par des Répétitions toûjours défagréables, furtout celles de cette efpéce.* Il vaudroit mieux fuivre le Confeil de Mr. l'Abbé Trublet, *qui voudroit qu'on* tirât ce qu'il y a de bon dans les ouvrages qui paroiffent, pour fauver au Public l'ennui & la perte du tems, & qu'on en fit un Livre qui pouroit porter le titre de LIVRE DES LIVRES. *Dans ce cas les Bibliothéques cefferoient d'être fi nombreufes & les* huit volumes des Oeuvres de Mr. de Voltaire pouroient bien à peine en faire *un* raifonnable, *encore feroit-ce beaucoup.* Voici le Texte des Menfonges Imprimés.

DES

DES MENSONGES

IMPRIMES (A).

ON peut aujourd'hui diviſer les habitans de l'*Europe* en Lecteurs & en Auteurs, comme ils ont été diviſés pendant ſept ou huit ſiécles en petits Tyrans barbares qui portoient un oiſeau ſur le poing, & en Eſclaves qui manquoient de tout (B).

Il y a environ deux cens cinquante ans que les hommes ſe ſont reſſouvenus *petit-à-petit*, qu'ils avoient une *Ame* (C); chacun veut lire, ou pour fortifier cette Ame, ou pour l'orner, ou pour ſe vanter d'avoir lû (D). Lorſque les *Hollandois* s'apperçurent de ce nouveau beſoin de l'eſpéce humaine, ils devinrent les Facteurs de nos penſées, comme ils l'étoient de nos vins & de nos ſels (E). Et tel Libraire d'*Amſterdam*, qui ne ſavoit pas lire, gagna un million, parce qu'il y avoit quelques Français qui ſe mêloient

A 3 d'éd'écrire. Ces marchands s'informoient, par leurs correfpondans, des denrées qui avoient le plus de cours, & felon le befoin ils commandoient à leurs Ouvriers des Hiftoires ou des Romans, mais principalement des Hiftoires, parce qu'après tout on ne laiffe pas de croire qu'il y a toûjours un peu plus de vérité dans ce qu'on appelle Hiftoire nouvelle, Mémoires hiftoriques, Anecdotes, que dans ce qui eft intitulé Roman (F). C'eft ainfi que fur des ordres de marchands de papier & d'encre, leurs Metteurs-en-œuvre compoférent les *Mémoires d'Artagnan*, de *Pointits*, de *Vordac*, de *Rochefort*, & tant d'autres (G) dans lefquels on trouve au long tout ce qu'ont penfé les Rois ou les Miniftres, quand ils étoient feuls, & cent mille actions publiques dont on n'avoit jamais entendu parler (H). Les jeunes Barons Allemands, les Palatins, Polonais, les Dames de Stokolm & de Copenhague lifent ces livres, & croyent y apprendre ce qui s'eft paffé de plus fecrèt à la Cour de *France* (I).

Varillas étoit fort au-deffus des nobles Auteurs dont je parle, mais il fe donnoit d'affez grandes libertés. Il dit un jour à un homme qui le voyoit embarraffé : J'ai trois Rois à faire parler enfemble ; ils ne

fe

fe font jamais vûs, & je ne fçai comment m'y prendre. Quoi donc, lui dit l'autre, eft-ce que vous faites une Tragédie (K)?

Tout le monde n'a pas le don de l'invention (L). On fait imprimer in-12. les Fables de l'Hiftoire ancienne, qui étoient ci-devant in-folio. Je crois que l'on peut retrouver dans plus de deux cens Auteurs les mêmes prodiges opérés & les mêmes prédictions faites du tems que l'Aftrologie étoit une Science. On nous redira peut-être encore que deux *Juifs*, qui fans doute ne favoient que vendre de vieux habits & rogner de vieilles efpéces (*), promirent l'Empire à *Léon l'Ifaurien*, & exigérent de lui qu'il abattit les Images des *Chrétiens* quand il feroit fur le trône: comme fi un *Juif* fe foucioit beaucoup que nous euffions ou non des images. Je ne défefpere pas qu'on ne réimprime que *Mahomet II.* furnommé le *Grand*, le Prince le plus éclairé de fon tems, & le rémunérateur le plus magnifique des Arts, mit tout à feu & à fang dans *Conftantinople*, (qu'il préferva pourtant du pillage) abattit toutes les Eglifes, (dont en effet il conferva la moitié,) fit empâler le Patriarche, lui qui rendit à ce même Patriarche plus

d'hond'honneurs qu'il n'en avoit reçu des Empereurs Grecs : qu'il fit éventrer quatorze Pages, pour favoir qui d'eux avoit mangé un Melon, & qu'il coupa la tête à fa maitreffe pour réjouir fes Janiffaires. Ces hiftoires dignes de *Robert - le - diable* & de *Barbe-bleue*, font vendues tous les jours avec approbation & privilége (M).

Des efprits plus profonds ont imaginé une autre manière de mentir. Ils fe font établis héritiers de tous les grands Miniftres, & fe font emparés de tous les Teftaments. Nous avons vû les Teftaments des *Colbert* & de *Louvois*, donnés comme des piéces authentiques par des Politiques rafinés qui n'étoient jamais entrés feulement dans l'Antichambre d'un Bureau de la guerre ni des finances (N). Le teftament du Cardinal de *Richelieu*, fait par une main un peu moins mal-habile, a eu plus de fortune, & l'impofture a duré très - longtems (O). C'eft un plaifir furtout de voir dans les Recueils de Harangues, quels éloges on a prodigués à l'*admirable* Teftament de cet *incomparable* Cardinal (§) : on y trouvoit toute la profondeur de fon génie ; & un imbécile qui l'avoit bien lû & qui en avoit même fait quelques extraits, fe croyoit capable de gouverner le monde.

J'eus

J'eus quelques foupçons dès ma jeune-
neffe, que l'ouvrage étoit d'un fauffaire
qui avoit pris le nom du Cardinal de
Richelieu pour débiter fes rêveries ; je
fis demander chez tous les héritiers de
ce Miniftre, fi on avoit quelque notion
que le Manufcrit du Teftament eût jamais été dans leur maifon ; on répondit
unanimement que perfonne n'en avoit
eu la moindre connaiffance avant l'impreffion. J'ai fait depuis les mêmes per-
quifitions, & je n'ai pas trouvé le moindre veftige du manufcrit ; j'ai confulté la
Bibliothéque du Roi, les Dépôts des
Miniftres, jamais je n'ai vû perfonne qui
ait feulement entendu dire qu'on ait jamais vû une ligne du Manufcrit du Cardinal (P). Tout cela fortifia mes foupçons, & voici les préfomptions & les raifons qui me perfuadent que le Cardinal
n'a pas la plus petite part à cet ouvrage*.

1°. Le Teftament ne parut que 38 ans
après la mort de fon Auteur prétendu.
L'Editeur dans fa préface ne dit point
comment le Manufcrit eft tombé dans
fes mains. Si le Manufcrit eût été au-
thentique, il étoit de fon devoir & de fon
inté-

---

* Une partie de ces réfléxions avoit déja paru
dans les papiers publics.

intérêt d'en donner la preuve, de le dé-
pofer dans quelque Bibliothéque publique, de le faire voir à quelque homme
en place (PP).   Il ne prend aucune de
ces mefures, (que fans doute il ne pouvoit prendre) & cela feul doit lui ôter
tout crédit.

2°. Le ftile eft entiérement différent
de celui du Cardinal de *Richelieu*.   On a
cru y reconnaître la main de l'Abbé de
Bourzeis, mais il eft plus aifé de dire de
qui ce livre n'eft pas, que de prouver
de qui il eft.

3°. Non-feulement on n'a pas imité
le ftile du Cardinal de *Richelieu*, mais
on a l'imprudence de le faire figner Ar-
mand Duplessis, lui qui n'a de fa
vie figné de cette maniére.

4°. Dès le premier chapitre on voit
une fauffeté révoltante.   On y fuppofe
la paix faite, & non-feulement on étoit
alors en guerre, mais le Cardinal de
Richelieu n'avoit nulle envie de faire la
paix.   Une pareille abfurdité eft une conviction manifefte de faux.

5°. Aux louanges ridicules que le Cardinal fe donne à lui-même, dans ce premier chapitre & qu'un homme de bon
fens ne fe donne jamais, on ajoute une
condamnation encore plus indécente de

ceux

ceux qui étoient dans le Conseil quand le Cardinal y entra. On y appelle le Duc de Mantoue, *ce pauvre Prince.* Quand on y mentionne les intrigues que trama la Reine mere pour perdre le Cardinal, on dit la *Reine* tout court; comme s'il s'agissoit de la Reine épouse du Roi. On y nomme la Marquise du *Fargis*, femme de l'Ambassadeur en Espagne, & favorite de la Reine-mere, *la Fargis* comme, si le Cardinal de *Richelieu* eût parlé de *Marion de Lorme*; il n'appartient qu'à quelques Pédans grossiers qui ont écrit des histoires de *Louis XIV.* de dire *la Montespan*, *la Maintenon*, *la Fontange*, *la Portsmouth.* Un homme de qualité & aussi poli que le Cardinal de *Richelieu*, n'eut pas assurément tombé dans de telles indécences. Je ne prétends pas donner à cette probabilité plus de poids qu'elle n'en a; je ne la regarde pas comme une raison décisive, mais comme une conjecture assez forte.

6º. Voici une preuve qui me paraît entierement convaincante. Le Testament dit au chapitre premier, que les cinq dernieres années de la guerre ont coûté chacune *soixante millions de livres* de ce tems-là, sans moyens extraordinaires, & dans le chapitre neuf, il dit, qu'il qu'il entre dans l'épargne *trente-cinq millions* tous les ans. Que peut-on opposer à une contradiction si formelle? N'y découvre t'on pas évidemment un faussaire qui écrit à la hâte, & qui oublie au neuviéme chapitre ce qu'il a dit dans le premier.

7°. Quel est l'homme de bon sens qui pourra penser qu'un Ministre propose au Roi de réduire les dépenses secrettes de ce qu'on appelle *Comptant* à un million d'or? Que veut dire ce mot vague un million d'or? Ces expressions sont bonnes pour un homme qui compile l'histoire ancienne sans entendre ce que valent les Espéces : est-ce un million de livres d'or, de marcs d'or, de Louis d'or? dans ce dernier cas, qui est le plus favorable, le million d'or comptant auroit monté à vingt-deux millions de nos livres numéraires d'aujourd'hui; & c'étoit une plaisante réduction qu'une dépense qui auroit monté alors à près du tiers du revenu de l'Etat (Q).

D'ailleurs est-il croyable qu'un Ministre insiste sur l'abolition de ce *Comptant*? c'étoit une dépense secrette dont le Ministre étoit le maître absolu. C'étoit le plus cher privilége de sa place (Q*).

L'affaire des *Comptans* ne fit du bruit que

que du tems de la disgrace du célébre
Fouquet qui avoit abusé de ce droit du
Ministère. Qui ne voit que le Testament
prétendu du Cardinal de *Richelieu* n'a
été forgé qu'après l'avanture de Monsieur *Fouquet*?

8°. Est-il encore d'un Ministre d'ap-
peller les rentes constituées au denier
vingt, *les rentes au denier cinq?* Il n'y a
pas de clerc de Notaire qui tombât dans
cette méprise absurde. Une rente au
denier cinq produiroit la cinquiéme partie du Capital. Un fond de cent mille
francs produiroit vingt mille francs d'intérêt, il n'y a jamais eu de rentes à ce
prix. Les rentes au denier vingt pro-
duisent cinq pour cent, mais ce n'est pas
là le denier cinq. Il est clair que le Testament est l'ouvrage d'un homme qui
n'avoit pas de rentes sur la Ville.

9°. Il paraît évident que tout le chapitre neuf, où il est question de la finan-
ce, est d'un faiseur de projèts; qui dans
l'oisiveté de son cabinet, boulverse pai-
siblement tout le sistême du Gouverne-
ment, suprime les Gabelles, fait payer
la Taille au Parlement, rembourse les
Charges sans avoir dequoi les rembour-
ser. Il est assurément bien étrange qu'on
ait osé mettre ces chimères sous le nom

B   d'un

d'un grand Miniftre, & que le public y ait été trompé. Mais où font les hommes qui lifent avec attention? je n'ai guères vû perfonne lire avec un profond examen autre chofe que les mémoires de fes propres affaires. De-là vient que l'erreur domine dans tout l'univers. Si l'on mettoit autant d'attention dans la lecture, qu'un bon économe en apporte à voir les comptes de fon maître d'hôtel, de combien de fottifes ne feroit-on pas détrompé?

10o. Eft-il vraifemblable qu'un homme d'Etat qui fe propofe un ouvrage auffi folide, dife *que le Roi d'Efpagne en fecourant les Huguenots, avoit rendu les Indes tributaires de l'Enfer; que les gens de Palais mefurent la Couronne du Roi par fa forme qui étant ronde n'a point de fin; que les Elémens n'ont de péfanteur, que lorfqu'ils font en leur lieu; que le feu, l'air, ni l'eau ne peuvent foutenir un corps terreftre, parce qu'il eft péfant hors de fon lieu;* & cent autres abfurdités pareilles, dignes d'un profeffeur de rhétorique de Province dans le feiziéme fiécle, ou d'un répétiteur Irlandais qui difpute fur les bancs.

11o. Se perfuadera-t'on que le prémier Miniftre d'un Roi de *France* ait fait un chapitre tout entier pour engager fon

Maî-

Maître à se priver du droit de régale dans la moitié des Evêchés de son Royaume, Droits dont les Rois ont été si jaloux?

12°. Seroit-il possible que dans un Testament politique adressé à un Prince âgé de quarante ans passés, un Ministre tel que le Cardinal de *Richelieu* eût dit tant d'absurdités quand il entre dans les détails, & n'eût en général annoncé que des vérités triviales, faites pour un enfant qu'on éléve, & non pour un Roi qui régnoit depuis trente années. Il assure *que les Rois ont besoin de conseils; qu'un Conseiller d'un Roi doit avoir de la capacité & de la probité; qu'il faut suivre la raison, établir le régne de Dieu; que les intérêts publics doivent être préférés aux particuliers; que les flatteurs sont dangereux; que l'or & l'argent sont nécessaires.* Voilà de grandes maximes d'Etat à enseigner à un Roi de quarante ans! Voilà des vérités d'une finesse & d'une profondeur dignes du Cardinal de *Richelieu*!

13°. Qui croiroit enfin que le Cardinal de *Richelieu* ait recommandé à *Louis* XIII. la pureté & la chasteté par son Testament politique? Lui qui avoit eu publiquement tant de maîtresses, & qui, si l'on en croit les mémoires du Cardinal de *Rets* & de tous les Courtisans de

B 2 ce

ce tems-là, avoit porté la témérité de
fes défirs jufqu'à des objèts qui devoient
l'effrayer & le perdre.

Qu'on péfe toutes ces raifons, & qu'a-
près on attribue ce livre, fi on l'ofe, au
Cardinal de *Richelieu.*

On n'a pas été moins trompé au Teftament de *Charles IV.* Duc de *Lorraine*,
on a cru y reconnaître l'efprit de ce Prince, mais ceux qui étoient au fait y re-
connurent l'efprit de M. de *Chevremont*,
qui le compofa.

Après ces faifeurs de Teftaments viennent les Auteurs d'Anecdotes. Nous a-
vons une petite hiftoire imprimée en
1700. de la façon d'une mademoifelle
Durand, perfonne fort inftruite, qui
porte pour titre : *Hiftoire des amours de
Grégoire* VII., du *Cardinal de* Richelieu,
de la Princeffe de Condé, & *de la Mar-
quife* Durfé. J'ai lû, il y a quelques années, les amours du Révérend Pére de
la Chaife, *Confeffeur de* Louis XIV. (R).

Une très-honorable Dame réfugiée à
la Haye, compofa au commencement de
ce fiécle fix gros volumes de *Lettres d'u-
ne Dame de qualité de Province*, & d'une
Dame de qualité de Paris, qui fe man-
doient familiérement les nouvelles du
tems. Or, dans ces nouvelles du tems,
je

je peux affurer qu'il n'y en a pas une de
véritable. Toutes les prétendues avantures du Chevalier de *Bouillon*, connu
depuis fous le nom de Prince d'*Auvergne*,
y font rapportées avec toutes leurs circonftances. J'eus la curiofité de demander un jour à M. le Chevalier de *Bouillon*, s'il y avoit quelque fondement dans
ce que madame *Dunoyer* avoit écrit fur
fon compte. Il me jura que tout étoit
un tiffu de fauffetés. Cette Dame avoit
ramaffé les fottifes du peuple, & dans les
pays étrangers elles paffoient pour l'hiftoire de la Cour (R*).

Quelquefois les Auteurs de pareils ouvrages font plus de mal qu'ils ne pen-
fent. Il y a quelques années qu'un homme de ma connaiffance ne fachant que
faire, imprima un petit livre dans lequel
il difoit qu'une perfonne célébre avoit
péri par le plus horrible des affaffinats :
j'avois été témoin du contraire; je re-
préfentai à l'auteur combien les Loix di-
vines & humaines l'obligeoient de fe ré-
tracter; il me le promit : mais l'effèt de
fon livre dure encore, & j'ai vû cette
calomnie répétée dans de prétendues
hiftoires du fiécle (S).

Il vient de paraître un ouvrage politique à *Londres*, la ville de l'Univers où

l'on

l'on débite les plus mauvaifes nouvelles, & les plus mauvais raifonnemens fur les nouvelles les plus fauffes T). *Tout le monde fçait*, dit l'auteur (pag. 17,) *que l'Empereur Charles VI. eft mort empoifonné dans de l'aqua tuffana; on fçait que c'eft un Efpagnol qui étoit fon page favori, & auquel il a fait un legs par fon Teftament, qui lui donna le poifon. Les Magiftrats de Milan qui ont reçu les dépofitions de ce page quelque tems avant fa mort & qui les ont envoyées à Vienne, peuvent nous apprendre quels ont été fes inftigateurs & fes complices, & je fouhaite que la Cour de Vienne nous inftruife bientôt des circonftances de cet horrible crime* (U).

Je crois que la Cour de *Vienne* fera attendre longtems les inftructions qu'on lui demande fur cette chimère. Ces calomnies toujours renouvellées me font fouvenir de ces vers :

Les oififs courtifans que leurs chagrins dévorent,
S'efforcent d'obfcurcir les aftres qu'ils adorent;
Si l'on croit de leurs yeux le regard pénétrant,
Tout Miniftre eft un Traitre & tout Prince un
 Tiran;
L'hymen n'eft entouré que de feux adulteres;
Le frère à fes rivaux eft vendu par fes frères;
Et fitôt qu'un grand Roi panche vers fon déclin,
Ou fon fils ou fa femme ont hâté fon deftin...
Qui croit toujours le crime en paraît trop capable.

Violà

Voilà comment ſont écrites les hiſtoires prétendues du ſiécle.

La guerre de 1702 & celle de 1741, ont produit autant de menſonges dans les livres, qu'elles ont fait périr de ſoldats dans les campagnes; on a redit cent fois & on redit encore, que le Miniſtére de *Verſailles* avoit fabriqué le Teſtament de *Charles II.* Roi d'*Eſpagne.* Des Anecdotes nous apprennent que le dernier Maréchal de la *Feuillade* manqua exprès *Turin*, & perdit ſa réputation, ſa fortune & ſon armée par un grand trait de Courtiſan; d'autres nous certifient qu'un Miniſtre fit perdre une bataille par politique (X). On vient de réimprimer dans les *Tranſactions de l'Europe* qu'à la bataille de *Fontenoi*, nous chargions nos Canons avec de gros morceaux de verre, & des métaux venimeux: que le Général *Cambel* ayant été tué d'une de ces volées empoiſonnées, le Duc de *Cumberland* envoya au Roi de *France*, dans un coffre, le verre & les métaux qu'on avoit trouvés dans ſa plaïe, qu'il mit dans ce coffre une lettre dans laquelle il diſoit au Roi, *que les nations les plus barbares ne s'étoient jamais ſervies de pareilles armes*, & que le Roi frémit à la lecture de cette lettre. Il n'y a ni ombre de

vérité

vérité, ni de vraifemblance à tout cela
(Y). On ajoute à ces abfurdes menfonges, que nous avons maffacré de fang
froid les *Anglais* bleffés qui reftérent fur
le champ de bataille, tandis qu'il eft
prouvé par les regiftres de nos hôpitaux,
que nous eûmes foin d'eux comme de
nos propres foldats (Z). Ces indignes
impoftures prennent crédit dans plufieurs
Provinces de l'*Europe*, & fervent d'ali-
ment à la haine des Nations.

Combien de Mémoires fecrèts, d'Hiftoires de campagnes, de Journaux de
toutes les façons, dont les préfaces an-
noncent l'impartialité la plus équitable,
& les connaiffances les plus parfaites? On
diroit que ces ouvrages font faits par des
Plénipotentiaires à qui les Miniftres de
tous les Etats & les Généraux de toutes
les Armées, ont remis leurs mémoires.
Entrez chez un de ces grands Plénipotentiaires, vous trouverez un pauvre
Scribe en Robe-de-chambre & en Bon-
net-de-nuit, fans meubles & fans feu,
qui compile & qui altere des Gazettes
(A).

Quelquefois ces Meffieurs prennent
une Puiffance fous leur protection; on
fait le conte qu'on a fait d'un de ces E-
crivains qui à la fin d'une Guerre de-
manda

manda une récompense à l'Empereur *Leopold*, pour lui avoir entretenu sur le Rhin une Armée complette de cinquante mille hommes pendant cinq ans. Ils déclarent aussi la guerre & font des actes d'hostilité, mais ils risquent d'être traités en ennemis. Un d'eux nommé *Dubourg*, qui tenoit son bureau dans *Francfort*, y fût malheureusement arrêté par un officier de notre armée § en 1748, & conduit au Mont *S. Michel* où il est mort dans une cage. Mais cet exemple n'a point refroidi le magnanime courage de ses Confréres (B).

Une des plus nobles supercheries & des plus ordinaires, est celle des Ecrivains qui se transforment en Ministres d'Etat, & en Seigneurs de la Cour du pays dont ils parlent. On nous a donné une grosse histoire de *Louis* XIV. écrite sur les mémoires d'un Ministre d'Etat. Ce Ministre étoit un Jésuite chassé de son Ordre, qui s'étoit réfugié en *Hollande* sous le nom de *la Hode*, qui s'est fait ensuite Secrétaire d'Etat de *France* en *Hollande* pour avoir du pain (C).

Comme il faut toujours imiter les bons mo-

§ Le Partisan *Fischer.*

modéles, & que le Chancelier *Clarendon*
& le Cardinal de *Rets* ont fait des portraits des principaux perfonnages avec
lefquels ils avoient traité, on ne doit pas
s'étonner que les Ecrivains d'aujour-
d'hui, quand ils fe mettent aux gages
d'un Libraire, commencent par donner
tout au long des portraits fidéles des
Princes de l'*Europe*, des Miniftres, &
des Généraux dont ils n'ont jamais vû
paffer la livrée (D). Un Auteur *Anglais*
dans les *Annales de l'Europe*, imprimées
& réimprimées, nous affure que *Louis
XV. n'a pas cet air de grandeur qui an-
nonce un Roi.* Cet homme affurément
eft difficile en phifionomies. Mais en
récompenfe il dit que le Cardinal de
Fleury avoit l'air d'une noble confiance
(E). Et il eft auffi éxact fur les carac-
tères & fur les faits que fur les figures:
il inftruit l'*Europe* que le Cardinal de
Fleury donna fon titre de prémier Miniftre (qu'il n'a jamais eû) à M. le Comte de *Touloufe*. Il nous apprend que l'on
n'envoya l'armée du Maréchal de *Mail-
lebois* en *Bohéme*, que parce qu'une *De-
moifelle* de la Cour avoit laiffé une Lettre fur fa table, & que cette Lettre fit
connaître la fituation des affaires; il dit
que le Comte d'*Argenfon* fuccéda dans

le

le Ministère de la Guerre à M. *Amelot*.
Je crois que si on vouloit rassembler tous
les livres écrits dans ce goût, pour se
mettre un peu au fait des Anecdotes de
l'*Europe*, on feroit une Bibliotheque im-
mense, dans laquelle il n'y auroit pas dix
pages de vérité (F).

Une autre partie considérable du Commerce du papier imprimé, est celle des
livres qu'on a appellés *Polémiques* (G),
par excellence; c'est-à-dire, de ceux
dans lesquels on dit des injures à son prochain pour gagner de l'argent. Je ne
parle pas des *Factums* des Avocats, qui
ont le noble droit de décrier tant qu'ils
peuvent la partie adverse, & de diffa-
mer loyallement des familles (H) je parle de ceux qui, en *Angleterre*, par exemple, excités par un amour ardent de la
Patrie, écrivent contre le Ministère des
Philippiques de Démosthènes dans leurs
greniers. Ces piéces se vendent deux
sous la feuille, on en tire quelquefois
quatre mille Exemplaires, & cela fait
toujours vivre un citoyen éloquent un
mois ou deux. J'ai oui conter à M. le
Chevalier *Walpole*, qu'un jour un de ces
Démosthènes à deux sous par feuille n'a-
yant point encore pris de parti dans les
différends du Parlement, vint lui offrir sa
plume

plume pour écrafer tous fes ennemis ;
le Miniftre le remercia poliment de fon
zéle , & n'accepta point fes fervices.
Vous trouverez donc bon, lui dit l'E-
crivain, que j'aille offrir mon fecours à
votre antagonifte M. *Pultney*. Il y alla
auffi-tôt, & fut éconduit de même. A-
lors il fe déclara contre l'un & l'autre ;
il écrivoit le lundi contre M. *Walpole*,
& le mercredi contre M. *Pultney*. Mais
après avoir fubfifté honorablement les
premiéres femaines, il finit par demander l'aumône à leurs portes (I).

Le célébre *Pope* fut traité de fon tems
comme un Miniftre ; fa réputation fit ju-
ger à beaucoup de gens de Lettres, qu'il y
auroit quelques chofes à gagner avec lui.
On imprima à fon fujèt pour l'honneur
de la Littérature & pour avancer les pro-
grès de l'efprit humain, plus de cent libelles, dans lefquels on lui prouvoit qu'il é-
toit *Athée* ; & ce qui eft plus fort, en *Angleterre* on lui reprocha d'être *Catholique*. On
affura quand il donna fa traduction d'*Homere*, qu'il n'entendoit point le Grec, parce qu'il étoit puant & boffu. Il eft vrai qu'il
étoit boffu mais cela n'empêchoit pas qu'il
ne fût très-bien le Grec, & que fa traduction d'*Homere* ne fut fort bonne. On
calomnia fes mœurs, fon éducation, fa
naif-

naiffance, on s'attaqua à fon Pére & à fa
Mére. Ces libelles n'avoient point de
fin. *Pope* eut quelquefois la faibleffe de
répondre, cela groffit la nuée des libelles. Enfin il prit le parti de faire imprimer lui-même un petit abrégé de toutes
ces belles piéces. Ce fut un coup mor-
tel pour les Ecrivains, qui jufques-là
avoient vécu affez honnêtement des injures qu'ils lui difoient ; on ceffa de les
lire, & on s'en tint à l'abrégé, ils ne
s'en relevèrent pas (L).

J'ai été tenté d'avoir beaucoup de vanité quand j'ai vû que nos grands Ecrivains en ufoient avec moi comme on en
avoit agi avec *Pope* (M). Je peux dire
que j'ai valu des honoraires affez paffa-
bles, à plus d'un Auteur (N). J'avois,
je ne fai comment, rendu à l'illuftre
Abbé *Desfontaines* un léger fervice.
Mais comme ce fervice ne lui donnoit
pas dequoi vivre, il fe mit d'abord un
peu à fon aife, au fortir de la maifon
dont je l'avois tiré, par une douzaine
de libelles contre moi, qu'il ne fit à la
vérité que pour l'honneur des Lettres
& par un excès de zéle pour le bon
goût. Il fit imprimer la *Henriade*, dans
laquelle il inféra des vers de fa façon,
& enfuite il critiqua ces mêmes vers
qu'il

qu'il avoit faits (O). J'ai soigneusement
conservé une lettre que m'écrivit un jour
un auteur de cette trempe. *Monsieur,
j'ai fait imprimer un Libelle contre vous,
il y en a quatre cens exemplaires ; si vous
voulez m'envoyer 400. liv. je vous remet-
trai tous les exemplaires fidélement* Je lui
mandai que je me donnerois bien de
garde d'abuser de sa bonté, que ce seroit un marché trop défavantageux pour
lui, & que le débit de son livre lui vaudroit beaucoup davantage; je n'eus pas
lieu de me repentir de ma générosité.

Il est bon d'encourager les gens de
Lettres inconnus, qui ne savent où
donner de la tête. Une des plus chari-
tables actions qu'on puisse faire en leur
faveur, est de donner une Tragédie au
Public. Tout aussi-tôt vous voyez é-
clore des *Lettres à des Dames de qualité*;
Critique impartiale de la piéce nouvelle;
Lettre d'un ami à un ami; *Examen ré-
fléchi*; *Examen par scènes* : & tout cela
ne laisse pas de se vendre (P).

 Mais le plus sûr secret pour un hon-
nête Libraire, c'est d'avoir soin de
mettre à la fin des ouvrages qu'il imprime, toutes les horreurs & toutes
les bétises qu'on a imprimées contre

l'Aul'Auteur. Rien n'eſt plus propre à piquer la curioſité du lecteur & à favoriſer le débit : je me ſouviens que parmi les déteſtables éditions qu'on a faites en *Hollande* de mes prétendus ouvrages, un Editeur habile d'*Amſterdam* voulant faire tomber une édition de la *Haye*, s'aviſa d'ajouter un Recueil de tout ce qu'il avoit pû ramaſſer contre moi. Les premiers mots de ce Recueil diſoient *que j'étois un chien rogneux* (Q). Je trouvai ce livre à *Magdebourg* entre les mains du Maître de la Poſte, qui ne ceſſoit de me dire combien il trouvoit ce petit morceau éloquent.

En dernier lieu, deux Libraires d'*Amſterdam* pleins de probité, après avoir défiguré tant qu'ils avoient pû la *Henriade* & mes autres piéces, me firent l'honneur de m'écrire que ſi je permettois qu'on fit à *Dreſde* une meilleure édition de mes ouvrages qu'on avoit entrepriſe alors, ils ſeroient obligés en conſcience d'imprimer contre moi un volume d'injures atroces, avec le plus beau papier, la plus grande marge & le meilleur caractère qu'ils pourroient. Ils m'ont tenu fidélement parole

role (R). Ils ont eu même l'attention d'envoyer leur beau Recueil à un
des plus reſpectables Monarques de
l'Europe, à la Cour duquel j'avois
alors l'honneur d'être. Le Prince a
jetté leur livre au feu, en diſant qu'il
falloit traiter ainſi Meſſieurs les Edi-
teurs. Il eſt vrai qu'en *France* ces honnêtes gens ſeroient envoyés aux galéres. Mais ce ſeroit trop gêner le
Commerce qu'il faut toujours favoriſer (S).

REMARQUES

SUR LES

MENSONGES IMPRIMÉS.

(A) A la vuë de ce Titre qui auroit crû *qu'un homme d'auſſi grande lecture* que l'Auteur, je n'ajouterai point , comme P. PETIT dit de VARRON , & *d'auſſi peu de Jugement*, n'alloit nous donner qu'une trentaine de pages? Quand il n'auroit fait que donner la liſte des *menſonges imprimés*, ſortis de ſon *Imaginative*, il auroit pû faire au moins, un bon *in Folio.* Mais, à ſon ordinaire, ſemblable à celui, à qui *Jupiter* a donné une *Double Beſace*, il ne voit ni ne connoit ſes menſonges; ils ſont dans la *Beſace* de derriere, tels ſont ceux qu'il a fait imprimer contre le Libraire *Jore*, contre ſes Libraires de Hollande, contre l'Abbé des *Fontaines*, contre Mr. *Rouſſeau*, contre les *Travenols*, pere & fils, contre les humbles *Quakers*, contre les auteurs Tragiques Anglois, contre tous les Poëtes & Savans qui ne viennent point crier avec les autres ΜΕΓΑΣ ΘΕΟΣ ΦΟΛΤΑΙΡΟΣ!(*)Il n'a des yeux que pour ceux, qui ſont dans la *Beſace* de devant.

(B) C'eſt ce qu'on peut nommer le *Partage de Montgomery*; car il eſt certain qu'il y a plus de *Lecteurs* que d'*Auteurs*; au moins 50 mille contre un ; outre que ce partage des *habitans de l'Europe*, en *Lecteurs & Auteurs*,

C eſt

(*) *Voltaire eſt un grand Dieu.*

eſt faux. Il y a une troiſieme claſſe. *Auteurs*, fort
peu, proportionement au nombre des *habitans
de l'Europe*; & ſi du reſte on fait deux autres
claſſes, de ceux qui ſavent lire, & de ceux qui
ne connoiſſent ni A ni B. cette derniére excé-
dera l'autre au moins des deux tiers; & dans ce
tiers reſtant, combien y en a-t-'il qui liſent?
car qu'eſt-ce que la *Lecture?* qu'*un exercice de ré-
flexion & de méditation*, ſi nous nous en tenons à
la définition de *S. Evremont*, qui ſavoit ce que
c'étoit? Après cela qu'on s'en fie au Calcul de
notre Arithméticien-Poëte; deux qualités aſſez
incompatibles: le premier eſt toujours dans le
Vrai, & le dernier toujours dans l'*Hyperbole*.
Auſſi mauvais Hiſtorien que calculateur, ne
pouroit-on pas le prier de fixer cette Epoque
de 7 à 8 Siécles, où les habitans de l'*Europe*
ont été diviſés en Gentils-hommes, car c'eſt ce
qu'il entend par *Petits Tyrans Barbares*, *qui
partoient l'Oiſeau*, ou le *Faucon*, *ſur le poing*,
& en Vaſſaux, ce qu'il apelle *Eſclaves*. S'il dit
que c'étoient les Siécles avant la fondation de
Rome, l'Hiſtoire des Republ. Grecques, celle
de l'*Egypte*, celle de la *Chine*, celle du *Japon*
lui donnent un démenti; s'il dit que ce ſont
les ſiecles, qui ont précedé la fondation de
l'Empire *François* par l'Emper. *Charlemagne*
il ne trouvera pas mieux ſon compte. Mais
l'Antitheſe, ſa chere & favorite idole (†), *petits Tyrans barbares*, *qui portoient un oiſeau ſur le
poing*,

(†) Il mèt à tout cette figure. Un de ſes judicieux
Critiques a eu la patience d'en compter plus de 300 dans
ſa *Henriade*. Monotonie dégoutante à ceux qui l'ai-
ment le plus. Qu'on en juge, en voici cinq tout à la
fois dans les 5 derniers Vers du Chant III.

poing, & *des Efclaves qui manquoient de tout*, lui a paru fi jolie, qu'il a fallu qu'elle partît, au hazard d'augmenter le nombre des *Menfonges imprimés*, en les critiquant.

(C) *Environ 250 ans*; ho! pour le coup il fe trompe; il y a de l'*humbleffe* là -dedans; car fi l'on confulte bien l'Auteur de *la Connoiffance des Bautés & défauts* &c. qu'on dit, non fans grande vraifemblance, être Mons. *Arrouet de Voltaire* (*), il faudra avouer que les hommes n'ont fçu cela que depuis qu'un grand Genie, *qui avoit une Ame*, a mis *la Philofophie*

à

> Si Mayenne eft *vaincu*, Rome fera foumife,
> Vous feul pouvez régler fa *h ine* ou fes faveurs,
> *Infléxible* aux *Vaincus*, complaifante aux Vainqueurs,
> *Prête* à Vous *condamner*, *facile* à Vous abfoudre;
> C'eft à Vous d'*allumer* ou d'éteindre la Poudre.

(*) Il a paru au milieu de l'année derniére un petit ouvrage de 211. pag. 12°. intitulé, *Connaiffance des Bautez & des defauts & la Poëfie & de l'Eloquence dans la Langue Françaife à l'ufage des Jeunes gens, & furtout des Etrangers, avec des exemples par ordre Alphabétique, par Mr. D****. à Londres par la Compagnie des Libraires* 1749.
Auffitôt que les plus empreffés l'eurent feüilleté, il fut décidé & chez *Procope* & dans toutes les autres affemblées des Beaux Eprits, que Mr. D****. n'étoit autre que Mons. *de Voltaire*. C'eft ce que le fpirituel Auteur du *Mercure de France* aprit alors à toute l'*Europe*, mais d'une maniére qui laiffe à douter s'il étoit de ce fentiment; ce que Mr. D****. a bien fenti, comme il paroit par une Lettre qu'il écrivit de *Londres* à Mr. *Remond de Sainte Albine*, prèsque avant avoir pû y recevoir le *Mercure*. Les Journaliftes, ont confirmé le jugement général du Public favant; mais toujours dans des termes équivoques où ironiques, qui en ne paroiffant point décider, laiffent pourtant entrevoir qu'ils fe rangent du parti de l'affirmative. Quant à Mons. *de Voltaire*, il a été fi occupé dans ce tems-là du r'habillement de *Nanine* & des corrections & changemens fans fin d'*Orefte*; qu'on n'eft pas étonné qu'il n'ait pas protefté contre ce fentiment général, & l'on fe

à la portée de tout le monde, ce qui les a fait *reſſouvenir* qu'ils avoient une *Ame*, qui eſt un Etre, que notre Auteur ne connoît point, dont il n'a nulle idée, & qu'il ne peut définir affirmativement ; parceque cela ne s'aprend point en étudiant la Litterature chez les RR. PP. Mais ce terme, ſe *reſſouvenir* indique qu'avant ces 250 ans, pendant ces 7 ou 8 ſiecles, les hommes avoient déja ſçu qu'ils étoient compoſès de ces deux ſubſtances & le *ſouvenir* leur en eſt revenu *petit-à-petit*. Que cela eſt beau ! C'eſt dommage qu'il n'a pas déſigné les dégrés de ce charmant *petit-à-petit* ; cela devoit être plaiſant que ce *ſouvenir* vint *petit - à - petit* ; apparemment comme l'Eſprit vient aux filles, d'*encore en encore*.

(D) L'Auteur tombe d'accord ici de ce que nous avons dit plus haut (*Rem.* (B)), en définiſſant la lecture, ou ce que c'eſt que lire, c'eſt dommage qu'il n'ait pas daigné fixer l'interval qui a été entre ce *reſſouvenir* & le commencement de ce *Vouloir*, ou de cette *Velléité* de lire, qui, apparemment, n'eſt auſſi venuë aux hommes que *petit-à-petit*. Il auroit fallu fixer la durée de ce *petit-à-petit*, pour trouver l'époque ſuivante de la découverte que les *Hollandois* ont faite du *nouveau beſoin qu'avoit l'Eſpece humaine*.

(E) Il faut qu'il y ait eu un grand interval en-

---

trompera ſi l'on s'imagine qu'il le faſſe, il traitera le *Public* dans cette occaſion, comme il traite tous les Critiques de ſes inimitables ouvrages, c'eſt-à-dire avec le mépris qui leur eſt dû, ſurtout de la part d'un auſſi grand homme, à qui la Renommée eſt obligée de prêter ſes cent Bouches, pour exalter ſon mérite.

entre le *reſſouvenir* de la poſſeſſion de l'*Ame*
& l'*apercevance* de ces *Hollandois*, car il n'y a
pas 100 ans que les *Libraires à million* n'é-
toient pas encore connus en Hollande. Quoiqu'elle ſoit la patrie de l'Imprimerie; ce n'eſt
pas chez elle, que cet art a d'abord le plus
brillé, parce que *Nemo Propheta in Patriâ.*
Mais un Poëte eſt-il obligé de ſavoir cela?
Ouï; car un Poëte, & ſurtout un Poëte Po-
lyhiſtor, ou univerſel, comme Mons. *de Voltaire*, doit être un *Michel-Morin*, un *omnis homo,*
ſurtout un Poëte qui veut être l'*Homere*, le
Sophocle, l'*Euripide*, l'*Ariſtote*, le *Platon*, le *Xe-
nophon*, le *Thucidyde*, le *Seneque*, le *Socrate,*
le *Tite-Live*, le *Quint-Cure* (§), le *Suetone,*
le *Pline*, le *Newton*, en un mot l'*Encyclopedie*
& de la *France* & de ſon Siècle. Un Auteur,
je ne me ſouviens pas de ſon nom; mais Mr.
Colins le cite dans ſon *Diſcours ſur la Liberté
de Penſer*, que je n'ai pas ſous la main, ſou-
tient qu'*Homére* étoit *Charpentier, Maçon, Gra-
veur, Fondeur, Orfevvre, Charon, Serrurier, La-
pidaire, Ingénieur, Général d'Armée, Soldat,
Vivandier &c. &c. &c.*; en un mot qu'il n'ig-
noroit aucune ſcience, aucun art, aucun mé-
tier; & qu'il faut les poſſeder tous, pour
entendre *Homére* & *Moïſe*. C'eſt le ſentiment
de l'incomparable *Pope*, qui, parlant de l'E-
rudition d'*Homére*, fait voir „ qu'il fut, non
„ ſeulement le plus ſavant homme de ſon
„ tems, ſoit par raport aux mœurs différen-
„ tes

(§) *L'Hiſtoire de* CHARLES XII. *de Mons. de Voltaire* eſt preſque auſſi fabuleuſe que celle d'*Alexandre* de
cet élegant Romain, ſi l'on en croit Mr. *de la Motray,*
& les *Remarques d'un Gentilhomme Polonois.*

„ tes des peuples , foit dans la Geographie,
„ foit même dans l'Aftronomie ; mais encore
„ que fes Ouvrages renferment les Principes
„ des Connoiffances, qui dans la fuite ont le
„ plus aproché de la perfection. Il étoit mê-
„ me verfé dans la Médicine & dans la Chi-
„ rurgie, puis qu'on lui a reproché d'avoir
„ trop favamment tué fes Héros. De combien
„ de maniére ne repréfente-t'il pas la fimple
„ action de mourir ? " Où êtes vous Mons.
de Voltaire? Votre tête eft-elle, comme celle
d'*Homere*, un Dictionnaire *Encyclopedique?* Il
y a 250 ans, *les Hollandois devinrent les facteurs
de nos penfées, comme ils l'étoient de nos vins
& de nos fels.* Voilà mon Poëte devenu né-
gociant par le Coup de baguette d'une Fée ou
d'un Enchanteur. C'eft un pas vers l'*Encyclopedie* ; mais c'eft un prémier pas, qui affez
ordinairement fait trébucher. Les *Hollandois,*
il y a 250. ans, *facteurs des Vins & des fels
de France?* Hé! fi donc, Mons. de *Voltaire*
vous vous moquez, vous favez mieux que
vous ne dites, les *Hollandois* connoiffoient-ils
alors *Vos* vins & encore moins *Vos* vilains fels?
Ils buvoient alors de bonnes Bières, qu'ils
braffoient eux-mêmes. Ils n'étoient pas encore alors les Colporteurs de toute l'*Europe,*
& on n'avoit pas encore le goût affez dépra-
vé pour préferer les boiffons étrangéres à celles qui étoient les naturelles du Païs. On
buvoit en Italie le *Lacryma Chrifti* & le *Mon-
te Pulciano;* en France, le *Pontac,* le *Bour-
gogne,* le *Champagne* & d'autres moindres; en
Allemagne le *Rhin, le Mofelle;* en Hongrie, le
Tokay; en *Suede,* en *Dannemark,* en *Hollande,*
en

en *Flandre*, en *Angleterre*, la *Biére*, le *Mum*, le *Iopen*, la *Hougarde*, l'*Eyle*; & les *Hollandois* ont été de tous tems chercher leur fel à *Setubal*. Ainfi voilà la Factorie des *Hollandois* réduite à la vente de *Vos* Penfées, c'eft-à-dire des *Penfées Françoifes*, car on ne peut entendre autrement ce *Nos*. Effectivement eft-il permis aux autres nations de penfer? le *P. Bouhours* a eu l'impertinence de mettre en queftion, *fi un Allemand peut avoir de l'Efprit?* Il a dû s'en repentir. Vous favez, Sgr. Philofophe, fi l'on peut penfer fans Efprit; & un de fes confréres, auffi fat que lui, à cet égard (c'eft votre *aimable* Profeffeur le P. *Parée*) a prononcé une pompeufe Harangue, il y a quelques années, pour prouver une Thefe auffi abfurde que celle-là. Si notre Auteur parloit comme il penfe, il décideroit qu'il n'y a que les *François* & ceux qui fuivent les Préceptes du Traité de *la Connoiffance des Beautés & des Défauts &c.*, à qui il foit donné de *penfer jufte*, de *s'énoncer bien*, & *d'écrire élégamment*. Cette explication de ce *nos*, eft confirmée plus bas, où il eft dit, *parce qu'il y avoit quelques Français qui fe méloient d'écrire* (§), *un Libraire qui ne favoit pas lire, gagna un million*, fi ces *François* avoient été capables d'écrire des *Lettres Philofophiques*, des *Epitres à Julie* ou à *Uranie*, des *Mondains*, des *Méditations de Carrême*,

(§) Il ne veut pas faire aux Hollandois l'honneur de les croire capables d'écrire, & par diftraction. défaut ordinaire aux grands Génies, furtout lorfqn'ils font fujets aux accès de la Vanité, il ne s'eft pas fouvenu qu'il y a 250 ans, la langue Françoife étoit prefque auffi ignorée en *Hollande* qu'au *Japon*.

rême , des *Zapig* , des *Visions de Babouë*, des
Memnons, & surtout de composer des *Artemi-*
re, des *Adelaïde*, des *Euripile*, des *Merope*, des
Zaïre, des *Princesse de Navarre*, des *Orestes*,
des Operas de *Pandore* & de *Samson*, des Comedies de *La Gardeuse de Cassette*, de l'*Indis-*
crèt, (où ils se seroient peints) des *Nanines*,
des *Temples*; & vraîment ouï des *Temples* du
Gout, de *la Gloire*, de l'*Amitié*; les heureux Libraires de ce tems-là ne se seroient-ils pas
enrichis comme des *Crésus*, en imprimant de
tels Ouvrages? pendant que ceux de nos jours
s'y ruïnent, & que l'Auteur seul s'enrichit,
en regratant, reparant, rassavetant ses Ouvrages, qu'il ne se donne pas le tems d'achever
avant de les publier, & en donnant 20 Editions différentes en attendant la bonne, la véritable, la seule legitime & reconnue pour
telle, (les autres n'étant que des batardes surtout celles de *Hollande*) qui ne paroitra qu'a-
près la mort de l'Auteur (†) qui la laissera,
par

(†) Il faut entendre Mons. *de Voltaire* même sur
toutes les Editions de ses immortels Ouvrages, que la
maudite avarice des Libraires a horriblement defigurés,
c'est dans la Preface de *Nanine*, retirée du Theatre, re-
vuë, corrigée, diminuée & changée, imprimée à Paris
chez *Mercier* & *Lambert*, ses Libraires accredités, il y dit
qu'il est obligé de se servir de cette occasion pour avertir
ceux qui cultivent les lettres, & qui se forment des Cabi-
nèts de Livres, que de toutes les Editions, qu'on a faites
de ses prétendus Ouvrages, il n'y en a pas une seule, qui
mérite d'être regardée. Pas même celle de *Dresde* qu'il
n'a pas eu le tems d'examiner. Mais il exhorte les mêmes personnes à attendre qu'il puisse un jour donner ses
soins à faire imprimer ses *véritables* ouvrages. Il entend aparemment par-là ceux qu'il aura revûs, corri-
gés, rabotés, effacés, augmentés, tels que toutes ses
Tragedies *manquées* On pouroit lui conseiller de les faire
imprimer de son vivant, comme il a deja publié *Sa*
Hen-

par teftament , aux Libraires *Jore* , & *Ri-
bou* , qu'il a chrêtiennement ruinés de fon vivant ; afin que Dieu lui faffe paix en l'autre
monde, quand fon Squelette y paffera en qui-
rant celui-ci.

(F) Si Mons. *de Voltaire* eut vécu alors ,
il feroit mort de faim, car fa *ftérile* Imaginative ne lui fourniffant que le r'habillage des
Fables des autres, la marchandife de ce *Met-
teur - en - œuvre* auroit été mife au rebut, &
envoïée alors à la *Beurière*, comme elle cour-
roit aujourd'hui chez l'Epicier, s'il n'avoit
foin de païer l'impreffion de fes Piéces *manquées*, & d'en retirer les maculatures dans fon
Grenier, pour s'en chauffer pendant l'Hyver.
En effet peut-on régarder fes Tragedies, fes
Comedies, fa *Henriade*, que comme des *Fables* & des Romans? J'en apelle au P. *le Boffu*,
qui dit que l'*Epopée eft un Difcours* inventé
avec art, *ou une* Fable *agréablement imitée fur
une aɛtion importante, qui eft racontée en vers,
d'une maniére* vraifemblable, *divertiffante*, &
qui, étant compofée dans le goût du Traité
de *la connaiffance des Bautés*, *& des Defauts
&c.* eft un potpouri, un melange du facré &
du

Henriade avec des *Variantes*, qu'il poura ainfi augmenter
à l'enfini, de cette maniére au lieu de 7. ou 8. Volumes
il poura aller au moins jufqu'a 40, fans trop tirer la
couroye. Cet avis peut s'érendre jufqu'au Gens de Lettres qui ne peuvent à l'avenir citer Mons. *de Voltaire*,
cet incomparable Auteur, fans s'expofer à un démenti de
fa part, apuié fur un *ce Vers n'eft dans aucun dé mes ve-
ritables ouvrages* ; *On ne trouvera pas cela dans mes veri-
tables Ouvrages*, car toutes les copies qu'il a données aux
Comédiens, à ceux à qui il les a dediés, à fes Prônes,
comme *Tiriot* &c. étoient infideles, tronquées, fauffes
&c. &c. charmant expédient & bien digne de celui qui
le mèr en pratique.

du Profane, où le Vrai Dieu, la Religion, les Furies, Neptune, l'Efprit faint, Pluton, les Mufes, la Vierge, &c. figurent tour à tour. (‡)

(G) Dans ce tems-là Mons. *de Voltaire* n'eut par acquis par la Preffe, 25. mille livres de rentes; non qu'il ne fache pas mentir autant & peut-être plus qu'un autre, mais l'*Invention* lui eut manqué, comme elle lui a manqué toute fa vie, puifqu'il n'a jamais travaillé que fur les Plans des autres. Ses admirateurs ne peuvent difconvenir que fans les *Oedipes* de *Prevôt*, de *Ste Marthe*, de *Corneille*, fans compter celui de *Sophocle*, ce Monftre en Tragedie, le premier Enfant de Mons. *Voltaire*, auroit été encore moins qu'il n'eft, & que la conduite de ce Poëte, depuis ce début, eft une conviction qu'il n'a d'autre talent que de travailler d'après le autres, Talent chez lui, défaut chez les autres, que fa Vanité

(‡) N'eft-on pas charmé, enchanté en voiant, dans le 3me. acte de l'Opera de *Samfon*, les Autels de *Mars* & de *Venus*, Dieux des *Philiftins*, fuivant Mons. *de Voltaire*, que *Samfon*, Juge d'un peuple voifin, ne connoit pas plus que ceux des *Celtes* & des *Cartaginois*, puifqu'il ignore qu'il célèbre tous les ans la Fête d'*Adonis*, Amant de la Déesfe, lequel lui eft auffi inconnu; puifqu'il demande

Quel eft cet Adonis dont votre voix aimable
Fait resentir ce beau féjour.

Voilà de ces vraifemblances refervées à notre inimitable Poëte, qui fait de *Samfon* un pétit maitre François, comme je l'ai vu reprefenté dans un Tableau original, qui fe rend à la première minauderie d'une Actrice, après l'avoir fait paroitre comme un guerier féroce. Tel eft l'effèt de l'Amour irrefiftible qui foumèt les cœurs les plus farouches! que cela eft beau!

nité à sçu mettre à profit, en faisant acroire
qu'il n'en agissoit ainsi, que pour faire mieux
connoître les défauts de ces Piéces, qu'il apelle *manqués*, en les reproduisant telles qu'elles auroient dû être, selon lui, & meilleures
qu'elles n'étoient sorties des mains de leurs
Auteurs, dont il prétendoit faire ainsi une
fine Critique ; ce dont un de ses admirateurs
lui fait un mérite en nous aprenant que *Sa
Modestie se borne à marcher glorieusement sur les
traces d'autrui ; & que sacrifiant les vains honneurs de l'Invention, il veut bien prendre la
peine de refaire les Tragedies, qu'il croit manquées*, ce dont tout le monde ne convient
pas ; & quant à ce trait si flateur, je ne puis
le regarder que comme une fine ironie. C'est
ainsi qu'il a donné *Brutus*, manqué par
Mlle. *Bernard*, ou Mr. de *Fontenelle*, & par
un Anonyme sous le titre de *la mort des Enfans de Brute* ; *Herode & Mariamne* manqué
par *Tristan, Calprenede, Hardy* & un quatriê-
me anonyme ; *Mérope* manquée sous le nom
d'*Amasis* par Mr. *de la Grande* & par le mar-
quis de *Maffey* ; *La Mort de César* manquée
par Mr. *Scudery* & Mlle. *Barbier*, quoique
fort aplaudie en 1636 en 1709. *Zaïre* manquée par le Grand *Corneille* en 1643 sous le
nom de *Polieucte*, & qu'il veut faire passer,
dans la Préface, pour Tragédie Chrétienne,
quoiqu'il reste indécis si son Héroïne meurt
Musalmane ou *Chrétienne*, & que tout panche
pour le premier cas, suivant la décision de
de Mons. *de Voltaire* même, en plein Caffé,
au sortir de la 1re. Représentation. C'est ainsi
qu'il vient de faire sifler un *Oreste* de sa fa-

çon

çon , *manqué* sous le nom d'*Electre* par Mr.
de Crebillon , & qu'il nous prépare *Rome Sau-
vée* d'après le *Catilina* manqué du même Auteur.   Outre ce défaut d'*Invention* , talent si
nécessaire à ceux qui veulent écrire dans le
goût des Mémoires que notre Auteur apro-
strofe ici , il étoit trop dissipé, lorsqu'il vint
en *Hollande* sous l'Habit de Page ; il donnoit
trop dans la bagatelle ; il travailloit moins à
des Tragédies & à des Poëmes Epiques, qu'à
fournir des sujèts de *Comedie* & de *Romans* ,
dans ses Amours ou ses extravagances avec
l'aimable *Pimpette* , fille de Madame *Dunoyer* ,
cette *très-honorable Dame* , dont il parle ci-après,
& dans la *Quintessence* de laquelle on trouve
diverses anecdotes très-vraïes, touchant notre
Poëte ; quoiqu'il l'accuse *de n'avoir ramassé
que les Sotises du Peuple*, elle y mêloit, sans
scrupule, celles de sa famille pour grossir le
Volume.   S'il maltraite ainsi les Auteurs des
Mémoires qu'il cite, quel témoignage portera-
t'il de ceux de l'agréable Abbé *Prevôt-d'Exi-
les* ; il seroit beau de le voir aux prises avec
celui-ci.

(H) Quand les hommes rendront-ils justice
à leur Prochain ? qu'ont écrit ces Auteurs, selon Mons. *de Voltaire* ? des *Contes faits à plaisir* , *des Romans* , des *Fables* ; a-t-il écrit autre
chose, toute sa vie ? que sont ses Tragedies
que des *Fables* faites-à-plaisir, où souvent on
ne trouve pas un mot de l'Histoire , & où
presque toujours les noms sont suposés. Qu'est-
ce que sa *Henriade* ? qu'une Fable où le sacré
est cousu au Profane, & le faux de la Poësie
à la Verité Historique. Qu'est-ce que sa *Phi-
losofie*

lofofie mife à la portée de tout le monde? qu'une
Fable mal fagotée & qui paffe la poitée de
l'Auteur même, qui y entendoit moins que
cette chère Ecoliére, dont il n'étoit que le
lourd & péfant Ecolier, de fon propre aveu
puisqu'il lui déclare.

> *Je vous dois tout, aimable Créature,*
> *Mieux que* Newton, *vous faites ma fplendeur.*

Que font fes Lettres *Philofofiques*, fes *Temples?*
que des Recueils de fotifes, d'impertinences,
de fauffetés, de calomnies, d'impietés. Hé!
Mons. de *Voltaire*, fi la Preffe & vos tours
de *Maitre-Gomin* avec les Libraires, vous ont
enrichi, pourquoi trouver mauvais que la premiére ait fait vivre des gens qui avoient plus
de Genie que vous, qui n'auroient pas voulu
vous admettre dans leur Societé litteraire,
& qui auroient laiffé le foin aux XL. de vous
tirer du fameux *Bourbier*, où vous les avez
fait barboter.

(I) C'eft aux Barons Allemans, aux Palatins de *Pologne*, aux aimables & fpirituelles
Dames *Suédoifes* & *Danoifes*, que l'Auteur at-
taque ici de fens froid, & fans que ces Sgrs.
ni ces Dames lui en aïent donné fujèt, à lui
faire fentir le poids de leur jufte indignation.
Il doit redouter fur tout celle des Palatins, ce
font gens qui ne fe mouchent point du con-
de, mais qui du pié pouroient le faire peroüe-
ter autant que l'eftafilade de certain Officier,
la Canne de certain Comédien, & celles de
certains Laquais devant l'Hôtel de *Sully*, l'ont
fait plier. Il y a ici une doze de vengeance.

le Poëte s'eft fouvenu de l'affront qu'il a reçu du refus d'un plus que *Palatin* (§), de l'admettre à fa table, il faut que toute la Nation en porte la peine, dit *Horace*,

Quidquid delirant Reges plectuntur Achivi.

Ces Dames, qu'il ne menage pas, auroient-elles témoigné quelque mépris pour fon Epitre à *Uranie*, pour celle à *Athenaïs*, pour fon *Mondain?* auroïent elles traité d'impertinens ceux, où il exprime fon fonge à une Augufte Princeffe, & d'impudens ceux de la premiére dedicace de la Philofophie de *Newton* à M. *du Chatelet?* Après tout, pourquoi liroit-on des chofes que l'Auteur desavouë & qu'il ne régarde que comme des *Vanités (dans l'Epitre à Mad. du* Chatelet *à la tête de la derniére Edition de la* Philofophie de Newton) quand il dit,

Je renonce aux Lauriers, que longtems au Théatre,
Chercha d'un vain plaifir mon efprit idolatre.
De ces triomphes vains mon cœur n'eft plus touché.

Croit-il que le Nord n'a pas, comme la *France*, d'*immortelles* Savantes (il donne cette Epithete à Mad. *du Chatelet*) chez qui la vertu va de pair avec la Science? l'Académie d'Up-
fal

(§) On fe fouvient fans doute de la fcène, qui s'eft paffée à la Cour de *Luneville*, dans un des derniers voïages qu'il y fit à la fuite de la Marq. *du Chatelet*, qui ne pût obtenir de Sa Maj. Pol. Duc de *Lorraine*, qu'il l'admît à fa table ; tous les Palatins fuffifent - ils pour effacer l'affront que reçut en cette occafion Mons. *de Voltaire*, qui avoit été admis à la table d'autres Roi du Nord.

fal lui en fera connoitre qui ne le cèdent point à *Son Emilie* dans l'Etude des profondeurs de la Nature. Les trois vers que je viens de raporter ne feroient-ils pas croire que les Poëtes fe croient autorifés à ufer du Droit, qu'ont les Normans, de fe dédire. Mons. de *Voltaire* renonce folemnellement au Theatre entre les mains de l'immortelle *Emilie*, il ne veut plus

Renfermer dans un Vers quelque fauffe penfée.

Il renonce au Parnaffe il dit adieu aux Mufes.

Déeffes, dont jadis l'afpect me fut fi doux,
Adieu, Mufes, je romps tout commerce avec vous.
Tragicomique Honneur, Gloire ignominieufe,
Vous n'infecterez plus mon Ame ambitieufe.
D'un plus noble tranfport mon efprit agité,
Combat pour la lumiére & pour la Verité.
Je fuis de l'Helicon la Carriere infenfée.

— — — — —

L'Augufte Verité vient m'ouvrir la lumiere,

— — — — —

Ces Fantômes favans à mes yeux difparaiffent
Un jour plus pur me luit.

— — — — —

Du Labyrinthe immenfe, où fe perd la Nature,
Puiffai-je auprès de Vous dans ce Temple écarté,
Aux régards des François montrer la Verité.

Sans doute que fon efprit trop foible n'aura pû foutenir l'éclat vif, que répand

De l'Aftre des Saifons la Robe étincelante.

ni fe fixer à l'étude de ces refforts immenfes
qui font *rouler dans fon fein limité,*

    Cet Univers fi vafte à notre faible vuë

enforte que femblable à cet animal immonde
dont parle un Ecrivain véridique, il eft retourné à fon vomiffement, à *ces Lauriers,*

—————— ————— *que longtems au Theatre*
Chercha d'un vain plaifir fon Efprit idolatre :
De ces triomphes vains fon cœur n'eft plus touché ;

mais des charmes enchanteurs de la Philofophie
de *Newton,* & *de la Cariére dont l'augufte Verité*
venoit de lui ouvrir la Barriére. Il eft retourné
aux Mufes & au Theatre, auquel il a donné

Mérope, des objèts de terreur, de pitié
Le plus beau que fa plume ait jamais copié;
Elle que de Compas, de Prismes entourée,
Sa Mufe avec Newton forgea dans l'Empirée.
Et qui de mille traits, par l'Averne choifis,
Devoit, avec la Grange, accabler Amafis.

Elle a été fuivie par *Alzire, Semiramis, l'En-*
fant Prodigue, Mahomet, Coligni, la *Princeffe*
de Navarre, Nanine, Orefte, dont la plupart
ont été dûment fiflées, pour punition de fon
Serment violé.

    (K) *Varillas* merite-t'il d'être lû, encore
moins d'être cité ; à moins que ce ne foit à la
louange des Auteurs, dont il eft parlé ci-deffus
& pour faire entendre qu'il y en avoit un encore plus menteur qu'eux, en *France.*

                        (*) On

(*) Sans vouloir attaquer ou foutenir la verité de ce fait ne peut-on pas dire qu'il y a bien du bas dans cette idée que Mons. *de Voltaire* voudroit qu'on eut des Juifs de ce tems-là, qu'il compare à la plus vile racaille du Judaïsme de nos jours; pendant qu'on fait qu'alors les Juifs figuroient dans les Cours d'Orient, comme on les a vû depuis tenir un certain rang dans d'autres en Occident.

(L) On peut croire Mons. de *Voltaire*, *experto crede Roberto*; perfonne ne fait mieux que lui combien cela eft Vrai.

(M) Ecarts! Extravagances! Il s'agit, dans ce bluèt, des *Menfonges* que les Libraires de *Hollande* faifoient fabriquer par leurs *Metteurs-en-œuvre*; quelle liaifon a avec eux tout ce que l'Auteur nous dit ici de *Leon l'Ifaurien*, & de *Mahomet II.* qu'il s'en prenne à *Paul Diacre*, à *Anaftafe*, au *P. Maimbourg*, à *Baronius*, à *Benelli* &c. NB. On a craint que les *Menfonges Imprimés* ne puffent obtenir ni aprobation, ni Privilege, c'eft pourquoi on les a fubrèpticement fourés à la fuite de *Semiramis*, le Privilège ne difant pas un mot ni de ce Bluet, ni de l'*Eloge funèbre des Officiers qui font morts dans la guerre de* 1741. imprimé auffi à la fuite de *Semiramis*, par la même raifon.

(N) Petit air méprifant que permèt à Mr. de *Voltaire* la Dignité, ou plutôt le titre d'Ex-Gentilhomme *ordinaire de la Chambre. L'Antichambre d'un Bureau*, l'expreffion eft nouvelle, elle doit faire fortune, fans crainte du Néologifme, elle fort de la plume d'un Academicien.

(O) Ho! pour le coup notre Polyhaiftor fe

D

caffe

caffe ici le nez! Un Savant devant lequel tout
Savant ne doit pas avoir honte de bouquer,
(c'eft Mr. le Préfident de *Montesquieu*) lui
aprendra que ce Teftament qu'il tâche ici de
tant décrier, *a été compofé fous les yeux & fur
les Mémoires du Cardinal, par Mrs.* de Bourleis
& De* * *, qui lui étoient attachés (‡): ce qui
forme une forte préfomption que ce grand
Miniftre a vû & lû le manufcrit de ces deux
Auteurs, qui aura reçu fon aprobation, a été
redigé fur fes propres Mémoires, ainfi nous
ne nous arêterons pas à tous les raifonnemens
creux dont l'Auteur tâche d'apuïer fon fentiment, & qui ne font pas tous de fon crû;
nous le renvoyons pour le paffé à *Ménage*,
Amelot de la Houffaye & De la *Bruyére* &
pour le préfent à Me. la Ducheffe d'*Aiguillon*,
& au manufcript même de ce Teftament con-
fervé dans la Bibliotheque de *Sorbonne*, le
priant, outre cela, de rapeller fa mémoire,
qui, fi elle eft fidele, lui dira que quand il
s'eft informé de ce Teftament à Mr. le Duc
de *Richelieu*, celui-ci lui a dit pofitivement
*qu'on n'avoit jamais douté que ce Teftament ne
fut du Cardinal, que Mr. le Duc de* Richelieu
*en avoit fait faire à fon fils de fréquentes lectu-
res comme d'un ouvrage d'autant plus précieux
qu'il fortoit de la plume de leur oncle.* Après
ces témoignages Mons. *de Voltaire* avouera
peut-être qu'il s'eft trompé & qu'il faut mettre ce qu'il dit de ce Teftament au rang des
Menfonges Imprimés.

(P) Cet-

(‡) Dans le Traité de l'Efprit des Loix, *Liv.* III.
Chap. V. ce De. . . . , doit être l'Abbé *Des Roches* Sé-
crétaire de cette Eminence.

(P) Cette Anecdote de la *Jeuneſſe* de Mons. *de Voltaire* ne pouroit - elle pas tenir auſſi ſa place dans la Liſte des *Menſonges Imprimés?* Ce Bel - Eſprit eſt âgé de 55 à 56 ans; il y a encore aſſez de perſonnes qui ſavent quelles ont été les occupations de ſa *Jeuneſſe*, & s'il étoit alors fauſilé dans la famille de *Richelieu* aſſez familiérement pour y faire ces perquiſitions, enfin s'il avoit l'accès, dont il ſe vante, aux *Dépots des Miniſtres*, car il n'étoit pas alors *Hiſtoriographe de France*. Pure fanfaronade! S'il a fait ces découvertes *dans ſa Jeuneſſe*, n'eſt-ce pas un coupable ſilence que celui qu'il a gardé ſur la fauſſeté de ce Teſtament, dont la Patrie & le Public ſont en droit de lui demander compte. On ne veut pas nier que dans la ſuite, il y a peut-être quelques années, il a fait ces recherches; mais il faut qu'il les ait faites avec une négligence peu pardonnable, comme on poura le conclure des Remarques ſuivantes.

(PP) Mons. *de Voltaire* n'avoit pas encore établi dans la République des Lettres, ce moyen de conſtater l'autenticité des Manuſcripts. On en eſt redevable à ſa quérelle avec un Libraire de la Haye, *J. van Duren*, au ſujèt du MS. de *l'Antimachiavel*.

(Q) Notre grand & ſubtile calculateur fait ici une terrible faute d'ortografe, pour n'avoir pas éxaminé la Valeur des *Louis - d'Or*, qu'il prend pour le nombre le plus favorable qui peut exprimer le *million d'Or*, dont il parle, *ſans entendre ce que valoient les Eſpeces* alors, s'il avoit conſulté l'Ordon. de Louis XIII. du 31. de Mars 1640. il auroit apris que le *Louis d'or*,

y éy étoit fixé à 5 Livs. d'alors, les doubles & demis à proportion ; ainsi sa critique, *plaisante réduction*, tombe puisque 5 millions de Liv. d'alors ne faisoient pas $\frac{1}{12}$ du Revenu d'alors.

(Q*) Mons. *de Voltaire* fait beaucoup d'honneur à la Mémoire du Cardinal, en le croïant capable, comme un Marechal d'*Ancre*, de piller le Trésor, & n'étant point content des bienfaits du maitre, de s'enrichir aux dépens de l'Etat. Autant encore pour la liste des *Mensonges Imprimés* !

(R) C'est-à dire que, selon Mons. de *Voltaire*, il n'est plus permis d'écrire des *Romans*, car on ne peut regarder que comme telles ces *Historietes*, ouvrages de quelques momens perdus d'une personne d'Esprit.

(R*) Il plait à Mons. *de Voltaire* de le dire ; mais il permettra qu'on l'assure aussi positivement qu'il l'avance, qu'il n'y a que des sots qui ont pû porter ce témoignage des *Lettres* & des *Mémoires* de Madame *Dunoyer*, qu'il me paroit n'avoir pas lûs ; car il auroit trouvé, que rien ne regardoit moins la Cour que ces six Volumes, qui n'ont d'autres mérite que d'être écrits d'un stile aisé, coulant & Epistolaire. L'aimable *Pimpette* auroit détrompé Mons. *de Voltaire*, s'il lui avoit fait part de cette idée, qu'il avoit des Ouvrages de sa Mère, auxquels il est étonnant qu'elle n'a pas fait un suplément, pour raconter les Amours d'*Arouët* & de *Pimpette*, & de quelle maniére elle a empêché ce jeune Amant d'enlever cette aimable *Brune*, non pour courir les Champs avec elle, mais pour la ramener dans sein de l'E-

l'Egliſe Cathol. Car alors la Religion de l'E-
pitre à *Uranie* étoit encore un païs inconnu
pour lui.

(S) On peut répondre à ceci; que c'eſt une
invention de notre Auteur & qu'on ne voit pas
quel grand mal a pû produire le Menſonge de
cet Ecrivain, puiſqu'il étoit facile de décou-
vrir la fauſſeté de la relation, qu'il traite de Calomnie. A l'égard de qui en ſeroit-ce une, s'il
n'a pas nommé l'Auteur de l'Aſſaſſinat.

(T) Avant de croire Mons. *de Voltaire*, on
le prieroit de déclarer quel parti il prend, celui
de la Cour & du Miniſtére, ou celui de la Na-
tion; Les courtiſans avides panchent ordinairement pour le prémier & il y a aparance que
c'eſt celui pour lequel il ſe déclareroit; car que
gagner avec le Peuple, il en eſt de la Politique
chez les Anglois comme de la Religion par-
tout ailleurs; celui qui ſuit un Siſteme différent du mien, je le tiens pour Hérétique, &
parlât-il comme un oracle, il ne dit rien que
d'hérétique, & de trivial. Les *Anglois*, de quelque parti qu'ils ſoient, parlent & écrivent tous
en maitres, dès qu'il s'agit de Politique, ſoit
qu'ils ſoutiennent le pour ou le contre ainſi
Mons. *de Voltaire* ne ſuit ici que la préjugé de
parti.

(U) Cette Fable ne fait rien à l'impreſſion
des *Menſonges* chez les *Hollandois*, c'eſt un
hors-d'œuvre.

(X) Oui, on dit & redit ces trois choſes,
auſſi-bien en *France* qu'ailleurs; mais de ce que
Mons. *de Voltaire* les mèt au rang des *Menſonges* débités au ſujèt des deux derniéres
Guerres, s'enſuit-il que c'en ſont effectivement?

a t'il

a-t'il reçu le don d'infaillibilité, ou la Patente de l'imposante charge d'*il est certain*, qu'avoit un des Auteurs du *Chef d'œuvres d'un inconnu*? s'il n'en a pas de meilleures preuves que celles de la supposition du Testament du Card. de *Richelieu*, il a fort bien fait de ne les pas alléguer, autrement il auroit dû prendre la peine, pour la gloire de la Vérité, de convaincre de *mensonge* ceux qui ont avancé ces faits & cens autres pareilles, *incroyables & toutes fois &c.* que diroit-il, si on faisoit la liste de tous ceux qu'il a lâchés dans son Poëme de la Bataille de *Fontenoy*?

(Y) C'est Mons. de *Voltaire* qui affirme ceci, faut-il le croire? Il auroit dû prouver autrement la fausseté de ce trait des *Transactions*, qui passent pour très-éxactes.

(Z) L'un & l'autre peut être vrai, en y ajoûtant les restrictions fusitées, qu'il *peut-être arrivé* que quelques furieux, qui *peut-être* avoient été témoins de la même inhumanité de la part des Anglois, dans d'autres Batailles, ont achevé quelques blessés, qui *peut-être*, comme je l'ai vû moi-même, demandoient à mains jointes qu'on les expédiât. On peut croire, sans y aller voir, ce qu'il dit des blessez *Anglois* soignés & même guéris dans les Hopitaux, & l'on ne courra pas risque de faire tort aux Registres, en croïant que le nombre n'étoit pas aussi grand, qu'il voudroit le persuader.

(A) A cette accusation nous répondrons 1°. avec Arlequin, *c'est tout comme ici*; si cela s'est fait en *Hollande*, cela ne s'est pas moins fait en *France*, témoin 7. Volumes de *Lettres d'un Provincial à son Ami, pour prouver la Justice*

ftice des motifs du *Roi de France dans la Guerre*
que Sa Maj. faifoit alors (1745) à fa Maj. la
Reine de *Hongrie* & de *Boheme*; ouvrage parfaitement bien écrit, imprimé à *Paris*, fous
le nom de *Neuchatel*, & rempli de tout ce que
Mons. *de Voltaire* ne voit qu'avec indignation
dans ces *Mémoires fecrèts, Hiftoires de Campagnes,
Journaux &c.* Qu'il empêche, lui qui eft le
grand Inquifiteur de l'Imprimerie, que cela
s'imprime en *France*, avant de trouver mauvais qu'on faffe la même chofe en *Hollande*.

(B) On demanderoit volontiers au Philofophe *Voltaire*, ce qu'il penfe de cet enleve-
ment; il paroit par la maniére dont il en parle
ici qu'il ne le defaprouve pas ; il y a beaucoup d'humanité dans ce fentiment, & prefque autant que dans le barbare emprifonne-
ment du vieux *Travenol.*

(C) Grand-merci à Mons. de *Voltaire*, de
cette anecdote fur le compte de Mr. de *la
Hode*, nous ne l'avons point connu fous ces ti-
tres pompeux; c'eft à lui à en demander raifon au Calomniateur. Il n'a qu'à renvoïer
celui-ci à ce qu'il a dit lui-même de la *calomnie*
dans fon Epitre à *Emilie*, & dans l'Art. de la
Satyre, à la fin de *la connaiffance des Beautés &
des Défauts* &c. où il fe déchaine terriblement
contre *Boileau.*

(D) Si la connoiffance de la livrée des Sgrs.
peut contribuer à en faire un Portrait reffem-
blant, nous devons attendre de notre Profeffeur dans *la connaiffance des Beautés & des Défauts
de la Pœfie & de l'Eloquence*, un *Portrait* achevé
du Chevalier de Rohan, *qui frapera dans un
grand goût, & où le Vrai fe fera fentir, comme*

dans

dans celui de *Charles* XII. *à la fin de l'Hiftoire
de ce Monarque*; en un mot, *qui ne fera pas
l'effet d'un amas d'opofitions & d'antitèfes ou quelque imitation ampoulée de* Sarazin, *ou des cara-
Etères de* Théophrafte (†). en vérité la cervel-
le a tourné à notre Ecrivain; que cela eft bas.
Pourquoi ne fera - t'il pas permis à un Hifto-
rien de faire le Portrait des perfonnages, dont
il parle? Si j'écrivois l'hiftoire des Poëtes de
notre tems, je mettrois à leur tête l'incomparable *Arrouet de Voltaire*, & fans avoir vû fa
Livrés, je crois que j'y réuffirois affez comme
à donner fon caractére, mais on diroit que
j'aurois pillé le *Voltariana*, où il vaut mieux
renvoyer les curieux pour le connoître d'a-
près nature.

(E) Ho! pour celui-ci, c'étoit une calomnie.

(F) Cela eft très-poffible, & l'on pouroit
faire un médiocre Volume de toutes les fauffetés, les fophismes, & les ridiculités, & les
incrédulités, qui fe trouvent dans les *Lettres
Philofophiques*, & autres femblables Ecrits de
Mons. *de Voltaire*.

(G) C'eft ainfi qu'on nomme les Ouvrages
critiques, forte d'Ecrits redoutables à tous
Auteurs brouillons, dont la plume eft conduite par la Vanité, avec une précipitation,
qui les oblige à refaire leurs ouvrages, preuve
de la jufteffe de la critique; ainfi perfonne n'a
plus de raifon de déclamer contre ces Livres
qu'un Auteur qui dès fon coup d'Effai, a été
obligé de changer & de corriger; comme il
eft arrivé au 5me acte d'*Oedipe*, où l'Auteur a
chan-

(†) Expreffion tirée de *la connoiffance des Beautés &c.*

changé, corrigé & ajouté plus de 50 vers, pour le finir d'une maniére fuportable dans l'impreffion bien differente de la Déclamation. & c'eft ce qui eft arrivé à *Brutus*, à *Mariamne*, à *Mérope*, à *Sémiramis*, à *Zaïre*, à la *Prin-ceffe de Navarre*, *Nanine*, *Orefte*, fans parler d'*Artemire*, *Adelaïde*, & *Euripile*; qu'il n'a ofé faire imprimer, & furtout au divin Poëme de la *Bataille de Fontenoy*, imprimé dix huit fois & toujours différemment.

(H) C'eft ce qu'ont fait les Avocats des *Travenols*, parce qu'ils trouvoient de quoi rem-plir ce canevas dans la conduite du perfecu-teur de ceux qu'ils défendoient; mais on a re-marqué que ceux de la partie adverfe n'ont pû fe fervir de ce Privilège contre les *Trave-nols.*

(I) Ceci eft une maladie de toute la Na-tion, qui veut être gouvernée par fon Roi & non par un des Sujèts, enforte qu'il fuffit d'être prémier Miniftre pour être expofé aux farcafmes les plus envenimés ; ce qui eft fi vrai que fi le Corifé de la Nation devient Pré-mier Miniftre, il n'en a pas plûtôt la pa-tente, que toutes les plumes qui ne favoient que chanter fes louanges, font d'abord toutes taillées pour l'infulter, autant qu'il leur eft poffible. Changez ce génie de toute une Na-tion, Mons. *de Voltaire*, fi vous pouvez, & *eris mihi magnus Apollo.*

(L) Que prouve cette tirade, fi non que des impertinens ont écrit contre un honnète homme, un favant, en Angleterre, comme d'autres impertinens ont écrit en France con-tre le grand *Rouffeau*, dont ils n'étoient pas ca-

pa-

pables de décroter les souillers. Et je crois que,
sans rien hazarder, on pouroit parier 100 contre 1. qu'il y a du faux ou de la plaisanterie
dans ceci. Il veut rendre ridicules ou les Anglois, ou les Critiques, ses redoutables Ennemis.

(M) L'Amour propre joue ici son rôle.
Mons. *de Voltaire*, en n'armant contre lui que
de *Grands Ecrivains*, ne voit pas qu'il met de
leur nombre l'Abbé *Desfontaines*, qu'il vouloit
faire passer pour le plus méprisable de ceux
de son tems.

(N) Oui, comme aux Libraires & aux Comédiens ; le bon homme ne se souvient pas
qu'*un bienfait reproché tient toûjours lieu d'of-
fense.*

(O) Tirade de faussetés & de calomnies ;
c'étoit aparemment pour faire plaisir à cet Abbé, que Mons. *de Voltaire* publia contre lui un
boisseau d'impertinence dans son *Préservatif?* La
Besace ! la Besace ! Il imite ce spirituel critique, dans ce qu'il blâme lui-même en lui.

(P) Oh ! pour ceci il a raison. Mais s'il a-
voit donné de bonnes Tragedies au Public,
comme celles de *Corneille*, de *Racine*, de la
Grange, de *Crébillon*, de *Piron*; qui auroit eu
la Hardiesse d'en faire la Critique ou la Paro-
die ; c'est ce qui étoit réservé aux Tragedies
de Mons. *de Voltaire*, de la *Oedipe travesti*, le
mauvais Ménage, le *Bolus*, les *Enfans Trouvés*,
la *Folie de Melpomène*, *Sémiramis en cinq Actes*
&c. ne rendroit on pas un service au Public,
en lui donnant un Recueil de ces *Parodies*,
ausquelles nous sommes redevables de l'amé-
lioration des Tragedies *manquées* de notre Auteur,

teur? On imiteroit en cela les reconnoiffans Comédiens, qui ne jouent guéres une Tragédie de Mons. *de Voltaire* fans la faire fuivre du correctif de la critique, ce qui pique terriblement fon *Amour propre* ; témoin fon départ précipité du Congrès de *Cambrai* dès qu'il vit *Oedipe* affiché, fuivi d'*Oedipe travefti* ; témoin fa très-larmoïante & piteufe Epitre à la Reine, pour empêcher la repréfentation de la critique de *Sémiramis*, qu'il auroit voulu faire paffer pour un crime d'Etat ; ne fe fouvenant plus que lui-même avoit violé les loix de l'Etat, en engageant *Jore* à publier les *Lettres Philofophiques* remplies d'attentats contre la Majefté Divine.

(Q) Cette coûtume des Libraires a fon utilité pour le Public, qui trouve *le Pour & le Contre* tout enfemble ; & quand à l'Epithete de *Chien rogneux*, elle étoit impropre ; car cet animal ne devient *Rogneux* que par trop de graiffe, ce fera une faute de Correcteur, & le Libraire, plus véridique que lui, aura voulu dire *Chien hargneux*.

(R) Cette accufation eft de la plus grande fauffeté. Ces Libraires n'ont pû écrire cela à Mons. *de Voltaire*, car ils n'ont eu aucune connoiffance du *Voltariana* (dont il veut parler ici) qu'après l'impreffion achevée ; comment pouvoient-ils le menacer de lâcher contre lui ce Recueil, qu'on ne peut qualifier de *Volumes d'injures*, puifque ce ne font que des vérités reconnues pour telles, par tous ceux qui connoiffent notre *Ex-Gentilhomme de la Chambre*. Ainfi ce n'eft pas eux, mais les meilleurs amis de notre Poëte, qui l'ont publié, croïant qu'en
lui

lui mettant entre les mains tant de Vérités, il y trouveroit un contrepoison qui guériroit le mal que lui ont fait les Eloges inconsidérés que lui ont donnés de grands hommes, quand il a commencé à laisser entrevoir ses talens, sans connoître le fond de *Vanité*, dont son Ame étoit déja gâtée. Si dans quelque moment de réfléxions sur lui-même (car il n'est guéres possible qu'un homme qui pense, n'en fasse quelquefois) il s'est rapellé ceux que lui a donnés le Divin *Rousseau*, dans la Lettre qu'il lui écrivit de *Vienne* sur son *Oedipe*, & qu'il a l'injustice de ne pas publier, pour ne pas exposer au grand jour l'injuste ingratitude de sa conduite envers ce Grand Homme, il se pouroit qu'il auroit trouvé que cet Ami qui s'étoit livré à lui inconsidérément, étoit une des prémiéres cause de cette *Vanité* détestable qui a défiguré tout ce qu'il peut y avoir de bon dans ce qu'il a produit; ainsi quand il maltraite aussi vilainement qu'injustement Monsieur *Rousseau*, dans son Traité de *la connaissance des Beautes & des Fautes &c.*, il le punit des Eloges qu'il lui a donnés, il lui donne un démenti, & confirme la pensée que les plus grands hommes, tel qu'étoit cet ornement de la *France*, font souvent les plus grandes fautes. En voici la preuve, Papier sur Table.

Lettre de Mr. Rousseau *écrite de* Vienne *à Mr.* Arrouët, en 1719.

„ Malgré l'éloignement qui nous sépare, „ Monsieur, je ne vous ai jamais perdu de „ vûë, & mon amitié vous a toujours suivi „ sans

„ fans interruption, dans les differens événe-
„ mens, dont votre Vie a été mêlangée. Il y
„ a longtems que je vous regarde comme un
„ homme deftiné à faire un jour la Gloire de
„ fon fiecle; & j'ai eu la fatisfaction de voir
„ que toutes les perfonnes, qui me font l'hon-
„ neur de m'écouter, ont fait le même juge-
„ ment que moi, fur les divers Ouvrages que
„ je leur ai lû de vous. Dans le tems que je
„ jouiffois du plaifir de voir croître une répu-
„ tation qui m'eft fi chere, j'ai eu la douleur
„ d'aprendre les traverfes, dont vos fuccès ont
„ été interrompus; & je puis vous affurer que
„ je ne les ai guéres moins fenties que les
„ miennes propres. Je ne pouvois m'imaginer
„ que vous les euffiez meritées; & la perfua-
„ fion où j'étois de votre innocence, me fai-
„ foit voir entre vos avantures & les miennes,
„ un raport qui augmentoit encore ma fenfi-
„ bilité. Une chofe cependant me confoloit
„ pour vous: C'eft l'opinion, où j'ai toujours
„ été & où je fuis encore que les malheurs
„ font néceffaires aux hommes & que rien ne
„ purifie leur vertu que les adverfités. C'eft
„ peut-être un avantage pour vous dans la
„ profperité où vous êtes aujourd'hui d'avoir
„ fouffert cette épreuve dans un âge qui ne ti-
„ re pas à conféquence. Nous naiffons tous
„ tributaires de la mauvaife Fortune & les plus
„ heureux font ceux qui ont païé leur dette de
„ bonne heure. Vous en voilà quitte, du
„ moins je l'efpére, pour le refte de vos jours.
„ Je fouhaite qu'ils foïent auffi longs, que
„ ceux de *Corneille*, à qui vous fuccedé fi di-
„ gnement. J'ai reçu le préfent, que vous
                                        „ avez

„ avez eu la bonté de me faire de la Tragé-
„ die †; dans laquelle vous avez lutté si avan-
„ tageusement contre ce fameux moderne. Je
„ ne doutois nullement que l'avantage ne fût
„ de votre côté; mais je ne m'attendois pas
„ que vous fortiffiez si glorieusement d'un
„ combat contre *Sophocle*. Malgré la juste
„ prévention, où je suis pour l'antiquité, je
„ suis obligé d'avouer que le François de 24
„ ans §, a triomfé en beaucoup d'endroits du
„ Grèc de 80. Ce qui m'a le plus surpris
„ dans un Auteur de votre âge, c'est l'oeco-
„ nomie admirable de votre Piéce, & la ma-
„ niére judicieuse & adroite avec laquelle
„ vous avez évité les Ecueils présque inévita-
„ bles d'une action aussi difficile à traiter que
„ celle que vous avez choisie. Vous n'étiez pas
„ obligé non plus que *Sophocle*, de les éviter tous,
„ mais vous avez parfaitement rempli aussi
„ bien que lui l'indispensable obligation d'at-
„ tacher la curiosité de l'Auditeur, & d'émou-
„ voir ses passions; règle à laquelle toutes les
„ autres règles du *Theatre* sont tellement sub-
„ ordonnées, que, sans elle, une Piéce sans
„ défauts sera toujours une Piéce détestable.
„ Vos caractéres ne sont pas moins justes que
„ vôtre disposition; & je ne puis aprouver la
„ critique que vous faites vous-même de ce-
„ lui de *Philoctete*. La modestie, qui sièd
„ bien à tous les grands Hommes, n'étant pas
„ une vertu du caractére des Heros Fabuleux,
„ & étant même contraire à la simplicité des
                                    „ pré-

† Oedipe.
§ Mr. *de Voltaire* est né en 1694.

» premiers tems, comme la vanité le feroit à
» la politeſſe du notre eſt, vous le dirai-je,
» un avantage que j'ai remarqué dans votre
» pièce ſur celle de *Sophocle* même, & dont
» ceux qui connoiſſent véritablement l'anti-
» quité, vous doivent les complimens les plus
» ſincéres. Les interprétes de cet ancien Poëte
» n'ont point connu, à mon avis, le véritable
» Eſprit de ſa Tragedie. Ils ſe ſont imaginé
» que le deſſein de l'Auteur étoit de purger
» la colére & la curioſité, parce que ce ſont les
» défauts qu'il y donne au malheureux *Oedipe*,
» & ils n'ont point fait réfléxion que *Jocaſte*,
» qui eſt auſſi malheureuſe que lui, puiſqu'el-
» le eſt ſouillée du même Inceſte, n'eſt point
» repréſentée, avec les mêmes imperfections.
» Pour moi je ſuis perſuadé que *Sophocle* n'a
» rien voulu marquer ſi non que les hommes
» ne ſauroient éviter leur deſtinée, & que ſans
» l'aſſiſtance des Dieux, toute leur vertu, tou-
» te leur prudence ne leur ſert de rien. Il
» n'y a rien de mieux marqué dans tous les
» Ouvrages des Anciens que ce Dogme de
» leur Théologie. L'*Iliade*, l'*Odiſſée*, l'*Enéide*,
» preſque toutes les Tragedies *Grecques*, *Phé-*
» *dre* entr'autres & votre *Oedipe* ne roulent
» que ſur ce principe. Et il ne faut pas croire
» qu'ils aïent fait tort en cela, à l'idée qu'on
» doit avoir de la juſtice des Dieux; puiſque
» tous les hommes, quelque vertueux qu'ils
» paroiſſent aux yeux des autres hommes, ne
» peuvent l'être aux yeux de la Divinité, qui
» voit ce que nous ne voïons pas, & que les
» crimes n'en ſont pas moins crimes, quoi-
» qu'ils nous ſoïent cachés à nous-même. Vous
» voïez

„ voïez par-là, Monſieur, que tous les An-
„ ciens ont été parfaits *Janſeniſtes* ; ainſi vous
„ ne devez pas vous étonner qu'ils aïent ſouf-
„ fert perſecution au tems où nous ſommes.
„ La concluſion de ceci eſt que Vous avez très-
„ bien fait de repréſenter *Oedipe* exemt des
„ défauts que *Sophocle* lui a donnés , & que
„ vous avez mieux marqué par-là le néant des
„ vertus humaines , que ne l'ont peut-être
„ fait tous les Sermons que vous avez oui pen-
„ dant ce *Carême*. J'aurois une infinité d'au-
„ tres choſes à vous dire ſur l'excellent ou-
„ vrage que vous m'avez envoyé & ſur les Diſ-
„ ſertations, qui l'accompagnent. Je ſuis de
„ même avis que vous ſur pluſieurs des cho-
„ ſes qu'elles renferment, & dans celles où je
„ ne ſuis pas de votre ſentiment ; j'admire la
„ nèteté de votre ſtile, & l'agrément de vos
„ expreſſions. J'eſpére que nous nous verrons
„ à *Bruxelles* & que nous y aurons le loiſir de
„ parler de pluſieurs choſes, qui ſeroient trop
„ longues à écrire. Monſeigneur le Pr. *Eu-*
„ *gene* , qui attendoit votre Piéce avec une
„ impatience extrême, l'a reçuë avec le mê-
„ me plaiſir & m'a fait l'honneur de m'en par-
„ ler avec une eſtime, dont je ſais que vous
„ ne ſeriez pas moins flaté que de celle du Pu-
„ blic , ſi vous connoiſſiez autant la juſteſſe
„ d'eſprit & le diſcernement de ce Prince, que
„ vous connoiſſez ſon mérite & ſa réputation
„ dans la Guerre. Vous en jugerez ſi nous
„ avons le bonheur de vous voir aux Païs-Bas;
„ & je ſuis ſûr que ſa bonté, ſa ſimplicité,
„ & toutes ſes autres vertus civiles ne vous
„ cauſeront pas moins d'admiration que ſes
„ cx-

» exploits. C'eſt pour cela, Monſieur, que
» l'admiration d'un homme comme vous, doit
» être reſervée, & non pour des ouvrages
» auſſi frivoles que les miens (‡). Je ne vous
» en demande pas tant; mais j'exige de vous
» une amitié auſſi ſincére & auſſi tendre que
» la mienne & ſoïez ſûr que ſi mes talens ne
» m'en rendent pas entiérement digne, per-
» ſonne au moins ne la mérite autant que moi
» par les ſentimens d'eſtime avec lesquels je
» ſuis, &c. "

Mr. *de Voltaire* a païé une ſi tendre amitié
& tant de bontés, de quelque choſe de plus que
la plus noire ingratitude, comme le ſavent
ceux qui ont eu la patience de lire ſes infa-
mes libelles & ſes calomnies continuellement
repétées contre ce grand Homme, qui en a
apris au public l'origine, qui lui fait tant d'honneur dans une lettre très-naturelle & dont la
ſincerité nous eſt connue, qui ſe trouve dans
la Bibliotheque Françoiſe qu'on imprime à *Amſterdam*, & dans le *Voltariana* pag. 103.

(S) Nous ignorons le fait de l'Envoi d'un
Exemplaire à un Monarque reſpectable, ils
le ſont tous; & il eſt peu vraiſemblable que
la choſe ſoit arrivée. Mais quant à ce qu'il
dit qu'*en France ces honnêtes gens ſeroient envoyés aux Galéres*; ne diroit-on pas que criti-
quer une fade & impertinente Comédie comme celle de *Nanine*, une impertinente Tragedie, comme celles d'*Artemire*, de *Mariamne*
de *Zaïre*, de *Mérope*, ce ſeroit un crime d'E-
tat, comme d'avoir vendu du faux ſel. C'eſt
ce

(‡) *Voltaire* les admiroit donc alors.

E

ce que Mons. *de Voltaire* ne persuadera à
personne. Si l'on gêne la critique dans la République des Lettres, c'est la faire périr, puisque c'est en banir la Liberté; & il n'y a que
des Auteurs tels que Mons. *de Voltaire*, qui
voudroit que cette loi fut établie; Ce font
des gens qui vomissent des injures personnel-
les, comme Mons. *de Voltaire* a fait contre
Rousseau, *Des fontaines* & autres; qui méritent
cette punition, si les loix l'infligent aux Ca-
lomniateurs.

www.ingramcontent.com/pod-product-compliance
Lightning Source LLC
LaVergne TN
LVHW022118080426
835511LV00007B/904